essentials

Essentials liefern aktuelles Wissen in konzentrierter Form. Die Essenz dessen, worauf es als „State-of-the-Art" in der gegenwärtigen Fachdiskussion oder in der Praxis ankommt. Essentials informieren schnell, unkompliziert und verständlich.

- als Einführung in ein aktuelles Thema aus Ihrem Fachgebiet
- als Einstieg in ein für Sie noch unbekanntes Themenfeld
- als Einblick, um zum Thema mitreden zu können.

Die Bücher in elektronischer und gedruckter Form bringen das Expertenwissen von Springer-Fachautoren kompakt zur Darstellung. Sie sind besonders für die Nutzung als eBook auf Tablet-PCs, eBook-Readern und Smartphones geeignet.

Essentials: Wissensbausteine aus Wirtschaft und Gesellschaft, Medizin, Psychologie und Gesundheitsberufen, Technik und Naturwissenschaften. Von renommierten Autoren der Verlagsmarken Springer Gabler, Springer VS, Springer Medizin, Springer Spektrum, Springer Vieweg und Springer Psychologie.

Ulf von Krause

Das Parlament und die Bundeswehr

Zur Diskussion über die Zustimmung des Deutschen Bundestages zu Auslandseinsätzen

 Springer VS

Ulf von Krause
Königswinter
Deutschland

ISSN 2197-6708   ISSN 2197-6716 (electronic)
ISBN 978-3-658-07111-0   ISBN 978-3-658-07112-7 (eBook)
DOI 10.1007/978-3-658-07112-7

Die Deutsche Nationalbibliothek verzeichnet diese Publikation in der Deutschen Nationalbibliografie; detaillierte bibliografische Daten sind im Internet über http://dnb.d-nb.de abrufbar.

Springer VS

Gedruckt auf säurefreiem und chlorfrei gebleichtem Papier

Springer VS ist eine Marke von Springer DE. Springer DE ist Teil der Fachverlagsgruppe Springer Science+Business Media
www.springer-vs.de

Was Sie in diesem Essential finden können

- Kernelemente des Parlamentsvorbehalts für Einsätze der Bundeswehr nach dem „Streitkräfteurteil" des Bundesverfassungsgerichts und dem Parlamentsbeteiligungsgesetz
- Gründe für das Spannungsverhältnis zwischen Parlamentsbeteiligungsgesetz und der (vertieften) militärischen Integration in Europa
- Vorschläge aus Politik und Wissenschaft zur Änderung des Parlamentsbeteiligungsgesetzes, um dieses Spannungsverhältnis zu entschärfen
- Positionen der politischen Parteien zum Problemkomplex bei Einsetzung der „Kommission Auslandseinsätze" des Deutschen Bundestages
- Komplexität der Optimierungsaufgabe der Kommission zwischen den Dimensionen Verfassungsrecht, Innenpolitik, Bündnisfähigkeit, Praktikabilität und Wirtschaftlichkeit

Inhaltsverzeichnis

Der Autor

Ulf von Krause ist Wirtschaftswissenschaftler, Militärökonom und Politikwissenschaftler. Als Generalleutnant a. D. der Bundeswehr war er bis 2005 in führender Position mit in die Vorbereitung deutscher Auslandseinsätze eingebunden. Er ist Publizist zu Themen an der Nahtstelle zwischen Politik und Militär.

Einleitung

1

Die Bundeswehr ist eine „Parlamentsarmee"[1] – mit diesem Schlagwort begründete das Bundesverfassungsgericht (BVerfG) im sog. „Streitkräfteurteil"[2] von 1994 den Parlamentsvorbehalt für Auslandseinsätze als deutsche Besonderheit im Verhältnis zwischen Volksvertretung und Streitkräften. 20 Jahre nach dieser Entscheidung ist der Parlamentsvorbehalt in die Diskussion geraten. Ein wesentlicher Grund dafür liegt in einer – zumindest programmatisch – fortschreitenden Vertiefung der europäischen bzw. transatlantischen Zusammenarbeit auf dem Gebiet der Sicherheits- und Verteidigungspolitik, so dass Einsatzentscheidungen tendenziell mehr auf den Ebenen NATO und Europäische Union (EU) fallen. Die Diskussion hat dabei zwei Argumentationsrichtungen. Zum einen wird unter Effektivitätsgesichtspunkten die Frage gestellt, ob die deutschen Entscheidungsmechanismen eine Vertiefung der Zusammenarbeit in den Bündnissen be- oder sogar verhindern. Zum anderen wird aus Sicht von Verfassungsjuristen bzw. Parlamentariern die Sorge artikuliert, der Parlamentsvorbehalt könne durch mehr multinationale Kooperation ausgehebelt

---

[1] Das Gericht verwendete zwar den Begriff „Parlamentsheer", aber die Bundeswehr besteht aus Heer, Luftwaffe und Marine, für die der Parlamentsvorbehalt gleichermaßen gilt, so dass der Begriff „Parlamentsarmee" richtiger ist und sich in der Diskussion auch durchgesetzt hat (von Krause 2013, S. 195 f.).

[2] BVerfG 2 BvE 3/92.

© Springer Fachmedien Wiesbaden 2015
U. von Krause, *Das Parlament und die Bundeswehr*, essentials,
DOI 10.1007/978-3-658-07112-7_1

1

werden. Im April 2014 hat der Deutsche Bundestag (BT) eine „Kommission Auslandseinsätze"[3] zur Untersuchung dieser Problemstellung eingesetzt.[4]

Der Beitrag soll die unterschiedlichen Facetten der Problematik verdeutlichen. Zunächst wird der Parlamentsvorbehalt, wie er im Parlamentsbeteiligungsgesetz (ParlBG) von 2005 normiert worden ist, kurz skizziert. Danach folgt eine Erläuterung von historisch gewachsenen unterschiedlichen Formen multinationaler Kooperation sowie von Gründen, die für eine weitere Intensivierung dieser Zusammenarbeit sprechen. Kernstück ist die Darstellung von rechtlichen, politischen und militärischen Argumenten, inwieweit der Parlamentsvorbehalt eine zunehmende Kooperation bzw. Integration der Streitkräfte innerhalb von NATO und EU be-/verhindert, wie man dem begegnen könnte, und ob er durch eine solche Entwicklung sogar ausgehebelt zu werden droht.

Abschließend werden Vorschläge aus Politik und Wissenschaft diskutiert, wie eine Weiterentwicklung des ParlBG aussehen könnte, um das Dilemma zu entschärfen.

---

[3] Der volle Titel lautet: „Kommission zur Überprüfung und Sicherung der Parlamentsrechte bei der Mandatierung von Auslandseinsätzen der Bundeswehr". http://www.bundestag.de/bundestag/gremien18 (Zugriff: 01.07.2014).

[4] Antrag Bundestagsdrucksache (BT Drs) 18/766 vom 11.03.2014, angenommen gem. Bundestagsplenarprotokoll (BT PlPr) 18/23 vom 20.03.2014, S. 1863.

Mit seinem Streitkräfteurteil hat das BVerfG am 12. Juli 1994 wesentliche Eckpunkte zu Auslandseinsätzen der Bundeswehr formuliert.[1] Die Entscheidung ebnete nach dem Wiedergewinnen der deutschen Einheit den Weg für eine Neuorientierung der deutschen Außenpolitik, die mit Stichworten wie „grundlegende weltpolitische Veränderungen", „globale komplexe sicherheitspolitische Herausforderungen", „Übernahme größerer Verantwortung", „Machtgewöhnung", „Normalisierung", „Gleichberechtigung", „machtpolitische Resozialisierung", aber auch kritisch „Militarisierung der Außenpolitik" gekennzeichnet werden kann.[2] Das Streitkräfteurteil stellte einerseits die verfassungsmäßige Zulässigkeit von Einsätzen außerhalb des NATO-Territoriums („Out of Area") fest, andererseits wurde dem Deutschen Bundestag eine unabdingbare Mitwirkung an allen Entscheidungen für bewaffnete Einsätze der Bundeswehr zugesprochen. Dieses ergibt sich nicht aus dem Wortlaut der Verfassung, sondern erfolgte in einem Akt „kühner Interpretation des Grundgesetzes" (Wiefelspütz 2005, S. 189). Dabei formulierte das BVerfG nur Grundsätze und überließ es dem Gesetzgeber, Einzelheiten der Parlamentsbeteiligung zu regeln. Dieser zeigte jedoch keine Eile, die sich in den folgenden Jahren aus dem Urteil entwickelnde Praxis gesetzlich zu regeln. Erst 2005 wurde das ParlBG verabschiedet.

Nach § 1, Abschn. 2 ParlBG bedürfen alle Einsätze bewaffneter deutscher Streitkräfte außerhalb des Geltungsbereichs des Grundgesetzes der – grundsätzlich vorherigen – Zustimmung des Bundestages, unabhängig von Art, Intensität, Umfang und Bedeutung (Wiefelspütz 2008, S. 205), wobei ein Einsatz immer dann

---

[1] BVerfG 2 BvE 3/92.

[2] Für einen Überblick, auf wen diese Begriffe zurückgehen s. von Krause 2013, S. 159.

© Springer Fachmedien Wiesbaden 2015   3
U. von Krause, *Das Parlament und die Bundeswehr*, essentials,
DOI 10.1007/978-3-658-07112-7_2

vorliegt, wenn „Soldatinnen oder Soldaten der Bundeswehr in bewaffnete Unternehmungen einbezogen sind oder eine Einbeziehung in eine bewaffnete Unternehmung zu erwarten ist" (§ 2, Abschn. 1). Eine Abstufung ergibt sich lediglich bei Einsätzen von „geringer Intensität und Tragweite", bei denen ein vereinfachtes Verfahren vorgesehen ist (§ 4), sowie bei „Einsätzen bei Gefahr im Verzuge, die keinen Aufschub dulden"; für diese sieht das Gesetz die Möglichkeit einer nachträglichen Zustimmung vor (§ 5). Außerdem wird ein Rückholrecht des Bundestages festgeschrieben (§ 8).

Mit diesem Prinzip des „doppelten Schlüssels" (Wiefelspütz 2008, S. 204) tragen Regierung und Parlament gemeinsam die Verantwortung für militärische Einsätze. Allerdings liegt das Initiativrecht allein bei der Bundesregierung. Sie entscheidet, ob, in welchem Umfang und mit welchem Auftrag sie ggf. Militär einsetzen will. Entsprechenden Anträgen der Regierung kann der Deutsche Bundestag gem. § 3, Abschn. 3 ParlBG formal nur zustimmen oder sie ablehnen, nicht hingegen Änderungen beschließen. In der parlamentarischen Praxis haben sich jedoch Möglichkeiten einer informellen Mitwirkung – allerdings nur der Regierungskoalition – an der Formulierung von solchen Anträgen entwickelt (von Krause 2013, S. 198). Das ParlBG spezifiziert darüber hinaus in § 3, Abschn. 2 die Informationen, die ein Antrag der Bundesregierung enthalten muss, um dem Parlament eine sachkundige Entscheidung zu ermöglichen.

Formal gehört der Deutsche Bundestag aufgrund der im Streitkräfteurteil normierten Grundsätze und deren Konkretisierung im ParlBG zu den Parlamenten mit den stärksten Rechten beim Einsatz von Streitkräften („War Powers") (Dietrich et al. 2007, S. 4). Deren Wirksamkeit wird allerdings unterschiedlich bewertet. Kritische Stimmen weisen darauf hin, dass die Bundesregierung dem Bundestag bisher mehr als 80[3] Anträge auf Zustimmung zu Einsätzen (einschl. Mandatsverlängerungen) zugeleitet hat. Alle wurden ausnahmslos gebilligt, wobei man ein deutliches Übergewicht der Regierung im parlamentarischen Verfahren feststellen kann (von Krause 2014, S. 81 f.).[4] Dieses wirft Fragen nach der Wirksamkeit des Parlamentsvorbehalts auf (Dietrich et al. 2007, S. 21). Andererseits wird darauf verwiesen, dass Plenardebatten des Bundestages dafür sorgen, „dass die Abgeordneten sich dem Für und Wider militärischer Auslandseinsätze stellen müssen und die Entscheidungen nicht unter Ausschluss der Öffentlichkeit fallen können" (Mutz 2012, S. 235).

---

[3] Wiefelspütz spricht sogar von über 100 Einsätzen (2012, S. 19).

[4] Prägnante Beispiele sind die Entscheidung zur Beteiligung an einem Einsatz in Ost-Timor im Jahre 1999 (von Krause 2013, S. 199, FN 384) und die Durchsetzung des ersten Mandats für die Operation Enduring Freedom am 16.11.2001, die im Nachhinein von Abgeordneten als „erheblicher Druck" bzw. als „Erpressung" qualifiziert wurde (von Krause 2011, S. 184 f.).

3.1 Skizze herkömmlicher Kooperationsformen

Die multinationale Einbindung Deutschlands und der Bundeswehr ist ein „konstitutives Merkmal für die deutsche Sicherheitspolitik" (BMVg 2003, S. 9). Einsätze der Bundeswehr im Ausland werden – mit Ausnahme von national geführten Rettungs- und Evakuierungsoperationen – grundsätzlich gemeinsam mit Verbündeten und Partnern im Rahmen der Vereinten Nationen (VN), der NATO oder der EU geplant und durchgeführt (BMVg 2011, S. 13). Das ist keine neue Entwicklung, vielmehr haben sich über die Jahrzehnte eine Vielzahl von Formen der Integration bzw. Kooperation militärischer Ressourcen entwickelt.

Die älteste Form ist Deutschlands Beteiligung an der integrierten Kommandostruktur der NATO durch Einbringen von Personal in die Hauptquartiere (HQ) und Stäbe.[1] Vergleichbare Personalabstellungen an Stäbe der EU gibt es derzeit nur im geringen Umfang, da die EU über keine eigenen HQ verfügt (Brissa 2012, S. 144).[2]

Schon in der Zeit des Kalten Krieges waren die NATO-Streitkräfte auf Ebene der Großverbände (Korps, Divisionen) multinational gemischt.[3] Anfang der 1980er

---

[1] Von den rund 7000 Dienstposten in der integrierten NATO-Kommandostruktur, dem sog. Peace Establishment, sind rund 15 % mit Deutschen besetzt (Brose 2013, S. 9).

[2] Hier werden bislang nur Vertreter in den (kleinen) Militärstab der EU und ggf. in die Operationszentrale entsandt.

[3] Das Prinzip der Einbindung der deutschen Kampfverbände in Großverbände der NATO war bei Aufstellung der Bundeswehr ein Mittel zur Kontrolle des noch immer „beargwöhnten deutschen Militärs" (von Krause 2013, S. 43 ff.). Später war die multinationale Durchmischung zudem ein strategisches Prinzip, um potentiellen Angreifern zu verdeutlichen, dass sie es mit dem gesamten Bündnis zu tun hätten.

© Springer Fachmedien Wiesbaden 2015   5
U. von Krause, *Das Parlament und die Bundeswehr*, essentials,
DOI 10.1007/978-3-658-07112-7_3

Jahre kam es mit der Aufstellung der NATO-Frühwarnflotte (AWACS)[4] zu einer tiefer gehenden Integration. Die Begründung für diese Form der Zusammenarbeit ist der hohe Aufwand, den die Schaffung bestimmter Fähigkeiten erfordert und den sich nur die wenigsten Bündnispartner separat leisten können. Die Soldaten des AWACS-Verbandes kommen heute aus 16 NATO-Staaten,[5] wobei der deutsche Anteil rund ein Drittel beträgt (Brose 2013, S. 9 f.). Die Flugzeuge starten mit gemischten Besatzungen. Konsequenterweise untersteht der Verband keinem nationalen Kommando, sondern dem Obersten NATO-Befehlshaber in Europa (SACEUR).

Das gleiche Überlegung liegt der gemeinsamen Beschaffung von Global-Hawk-Systemen (Aufklärungsdrohnen) zur Bodenüberwachung aus der Luft[6] zu Grunde. Diese neu zu schaffende NATO-Fähigkeit soll ab 2016 in Sigonella (Italien) stationiert werden – wie AWACS als multinationales Projekt und ebenfalls unter dem Kommando von SACEUR. Deutschland trägt einen Anteil von etwa 30 % des Beschaffungsvolumens (Brose 2013, S. 10), so dass davon auszugehen ist, dass es sich auch personell in dieser Größenordnung engagieren wird.

Eine weitere Form der Zusammenarbeit aus der neueren Zeit ist die Bereitstellung von multilateral zusammengesetzten Truppenteilen, die speziell für eine schnelle Verfügbarkeit in Krisen gedacht sind. Bei der NATO ist das derzeit die NATO Response Force (NRF), bei der EU sind es die EU Battle Groups (EU BG). Bei solchen Formen der Kooperation stellen die Bündnispartner jeweils für eine bestimmte Zeitspanne (bei der NRF für ein Jahr, bei den EU BG für sechs Monate) definierte Fähigkeiten, bestehend aus Führungselementen, Personal und Material, bereit. Diese werden im Hinblick auf einen multinationalen Einsatz ausgebildet und im Fall der NRF durch einen NATO-Befehlshaber auf ihre Einsatzfähigkeit überprüft („zertifiziert"). Für die EU BG ist keine vergleichbare Zertifizierung vorgesehen. Sie sollen dann innerhalb von z. T. sehr kurzen Zeiträumen – nach Entscheidung durch die politischen Beschlussgremien (NATO-Rat bzw. Rat der EU) – in einen Einsatzraum verlegen können.

Am anspruchsvollsten sind dabei derzeit die Zeitvorgaben für die EU BG. Nach einer politischen Entscheidung im Rat der EU, dass die Union in einer Krise aktiv werden soll, und der Billigung eines „Krisenmanagementkonzepts"[7] durch den Rat

---

[4] NATO Airborne Early Warning and Control System

[5] Ein 17. Partner ist Luxemburg, das sich finanziell, aber nicht personell beteiligt (Homepage des Verbandes: http://www.e3a.nato.int/eng/html/organizations/mission.htm, Zugriff: 05.07.2014)

[6] Alliance Ground Surveillance, AGS

[7] Dieses wird im Crisis Management and Planning Directorate innerhalb des Auswärtigen Dienstes (CMPD) der EU erarbeitet (http://eeas.europa.eu/csdp/structures-instruments-agencies/cmpd/index_en.htm, Zugriff: 12.07.2014).

soll innerhalb von fünf Tagen die Zustimmung der Nationen zur Bereitstellung ihrer angemeldeten Kontingente erfolgen und danach innerhalb von 10 Tagen der Einsatz beginnen können (Major et al. 2010, S. 14 f.). Im September 2014 haben die Staats- und Regierungschefs der NATO-Staaten auf dem Gipfel in Wales einem Plan zur Schaffung einer sogenannten „Speerspitze" zugestimmt, die - als Teil der NRF - in zwei bis drei Tagen einsatzbereit sein soll.[8]

Zu Recht wird darauf hingewiesen, dass die teilnehmenden Staaten mit dem Anzeigen von Kräften für die EU BG eine „gewisse politische Verpflichtung zur Übernahme von Verantwortung" gegenüber der Union und den anderen BG-Teilnehmern übernommen haben, auch wenn die Möglichkeit offen gehalten wird, an einem konkreten Einsatz nicht teilzunehmen bzw. seine Truppen zurückzuziehen. Ein solches Verhalten würde jedoch politischen Gesichts- und Vertrauensverlust nach sich ziehen (Major et al. 2010, S. 24).

Die jüngste Form der multinationalen Zusammenarbeit findet man seit 2010 beim Lufttransport bzw. der Luftbetankung. Hier unterstellen Partnernationen – derzeit sechs – bestimmte Lufttransportkapazitäten einem gemeinsamen Kommando, dem European Air Transport Command (EATC), und können aus dem so gebildeten Ressourcenpool Leistungen abrufen. Der Unterschied zum AWACS-Modell liegt darin, dass die Funktionsfähigkeit des Gesamtpools durch das Herauslösen von Kapazitäten einzelner Nationen aus dem Pool prinzipiell erhalten bleibt – solange nicht viele gleichzeitig einen solchen Schritt vollziehen.

3.2   Neue Programmatik – „Pooling und Sharing" (EU) und „Smart Defence" (NATO)

Schon seit längerem wird beklagt, dass die Effektivität der europäischen Verteidigungsanstrengungen, verglichen mit denen der USA, gering ist. Die europäischen NATO-Partner halten mehr Soldaten unter Waffen als die USA (1,45 Mio. gegenüber 1,39 Mio.),[9] ihre summierten Verteidigungsausgaben liegen bei ca. 280 Mrd. $. Das ist zwar weniger als die Hälfte des Verteidigungsbudgets der USA (ca. 640 Mrd. $), bedeutet aber das zweithöchste Verteidigungsbudget der Welt.[10]

---

[8] „Eine ‚Speerspitze' zur Abschreckung". In: Neue Zürcher Zeitung vom 05.09.2014 (http://www.nzz.ch/international/speerspitze-gegen-russland-1.18377918. Zugriff: 06.09.2014).

[9] Zahlen für 2012. Quelle: European Defence Agency 2013, Defence Date 2012, http://www.eda.europa.eu/docs/default-source/eda-publications/defence-data-booklet-2012-web#page=16 (Zugriff: 05.07.2014).

[10] Daten für 2013 gem. SIPRI,: zit. nach „Wie viele Soldaten braucht Europa?", in: Zeit-Online vom 14.04.2014 (Zugriff: 05.07.2014).

Dennoch haben die Einsätze der letzten Jahre eklatante Fähigkeitslücken der europäischen Streitkräfte zu Tage treten lassen.[11] Grund für die geringe Effizienz ist dabei in erheblichem Maße die mangelhafte Abstimmung zwischen den Bündnispartnern. Dieses führt zur Duplizierung von Fähigkeiten, zur Fragmentierung und zu erhöhten Kosten.[12]Als zu diesen Effizienzverlusten durch mangelnde Kooperation auch noch schrumpfende Verteidigungsbudgets aufgrund der Finanzkrise 2008 hinzukamen, prognostizierten Analysten, die Verteidigungsfähigkeit Europas werde erodieren.[13]

Die konzeptionelle Antwort der EU auf diese Entwicklung lautete „Pooling und Sharing",[14] bei der NATO wurde die analoge Zielsetzung unter dem Begriff „Smart Defence" propagiert.[15] In der Darstellung der amtlichen Stellen wird suggeriert, es handele sich dabei um etwas grundsätzlich Neues. Die vorstehende Skizze der Formen von Kooperation hat aber gezeigt, dass das nicht der Fall ist. Der AWACS-Verband als Beispiel für erfolgreiches Pooling besteht seit mehr als 30 Jahren. Und seit 10 Jahren führen NATO-Partner als Beispiel für effizientes Sharing die Sicherung der Integrität und den Schutz des Luftraums (Air Policing) über dem Territorium der baltischen Staaten durch, die über keine eigenen Luftwaffen verfügen.

Die Einführung der neuen Begriffe „Smart Defence" bzw. „Pooling und Sharing" bei NATO und EU und ihre Betonung in aktuellen Beschlüssen der höchsten politischen Gremien beider Organisationen[16] unterstreichen, wie dringend eine

---

[11] Eine Studie benennt 15 solcher Fähigkeitslücken, z. B. Luftbetankung, strategischer Lufttransport, moderne Munition, Überwachung, Aufklärung und elektronische Kriegführung sowie integrierte Abwehr von ABC-Kampfmitteln (Hoffmann et al. 2013, S. 26).

[12] Die Studie nennt z. B. 23 verschiedene Typen gepanzerte Fahrzeuge mit z. T. unterschiedlicher Munition, 7 Typen von Kampfhubschraubern und 4 Typen von Kampfpanzern (Hoffmann et al. 2013, S. 27).

[13] Christian Mölling sah „Bonsai Armeen", einen „rüstungswirtschaftlichen Exodus" und „technologische Zweitklassigkeit" Europas voraus (2011, S. 3 f.).

[14] Pooling: Formen der Zusammenarbeit, bei denen die Partner ihre Fähigkeiten in eine gemeinsame multinationale Struktur einbringen, Sharing: ein Partner stellt anderen Fähigkeiten zur Verfügung, über die sie nicht selbst verfügen (Mölling 2012, S. 1 f.).

[15] Es heißt dazu auf der Homepage der NATO: „In these times of austerity, each euro, dollar or pound sterling counts. Smart defence is … a renewed culture of cooperation … That means pooling and sharing capabilities, setting priorities and coordinating efforts better" (http://www.nato.int/cps/en/SID-8A074771-55B07F9E/natolive/topics_84268.htm?   (Zugriff: 05.07.2014).

[16] So der NATO-Gipfel in Chicago 2012 (http://www.nato.int/cps/en/SID-8A074771-55B07F9E/natolive/topics_84268.htm?), Zugriff: 05.07.2014 und der Europäische Rat vom 19.12.2013 (http://consilium.europa.eu/uedocs/cms_data/docs/pressdata/de/ec/140268.pdf), Zugriff: 05.07.2014.

Vertiefung der europäischen Zusammenarbeit, die im militärischen Bereich seit Jahrzehnten nur schleppend verläuft, aus ökonomischen Gründen ist. Es gibt zwar eine Reihe von Kooperationsvorhaben,[17] allerdings bedarf es bei der Intensivierung der Zusammenarbeit einer Systematisierung und Harmonisierung (Mölling 2012, S. 2).

3.3   Zur Notwendigkeit von Souveränitätsverzicht und Vertrauen

Bei diesem Befund stellt sich die Frage, warum die Vertiefung der europäischen Zusammenarbeit bisher so wenig erfolgreich verlaufen ist. Ein häufig genannter Grund ist das Bestreben der größeren europäischen Staaten, ihrer eigenen Rüstungsindustrie Aufträge zukommen zu lassen, auch wenn es wirtschaftlicher wäre, bei leistungsfähigeren Lieferanten im Ausland zu kaufen. Selbst wenn es zu kooperativen europäischen Rüstungsprojekten gekommen ist, war das i. d. R mit einem Feilschen um Anteile an der Wertschöpfung im eigenen Land verbunden, was tendenziell unwirtschaftlich ist (Hartley 2001, S. 133 ff.). Aber das Kernproblem liegt in einem anderen, fundamentalen Problem: dem Zögern der Partner, Souveränität aufzugeben. Denn sicherheitspolitische Handlungsfähigkeit in Bündnisstrukturen verlangt teilweisen Souveränitätsverzicht (Varwick 2012a, S. 230). Aber – wie eine österreichische Studie es treffend beschreibt –„(t)rotz der derzeitigen Entwicklung einer Vielzahl von ‚Pooling & Sharing' Projekten, sind diese immer wieder mit nationalstaatlichem Denken infiziert, welches eine Weiterführung der Entwicklung im Sinne eines Bottom-Up Prozesses nahezu unmöglich macht" (Felberbauer et al. 2013, S. 10).

Wer sich in Abhängigkeit von anderen begibt, der braucht Vertrauen darauf, dass die Fähigkeiten, auf die er selber verzichtet, von den anderen auch zuverlässig zur Verfügung gestellt werden. Fehlt dieses Vertrauen, dann ist die Bereitschaft zum Souveränitätsverzicht gering, und die ökonomischen Vorteile von Pooling und Sharing bzw. von Smart Defence können nicht realisiert werden. Mölling bringt diesen Zielkonflikt auf die Formel „Souveränität oder Effektivität". Er begründet das Zögern zum Souveränitätsverzicht mit der Furcht der Staaten vor drei „Multilateralismusfallen":

---

[17] Die im vorigen Abschnitt skizzierten sind Leuchtturmprojekte, insgesamt identifiziert Mölling rund 100, die aber einem „Flickenteppich" glichen (2012, S. 2).

1. in einem Einsatz allein gelassen zu werden, weil ein Partner seine Truppen zurückzieht;
2. nicht in den Einsatz gehen zu können, weil ein Partner mit wichtigen Fähigkeiten nicht teilnimmt;
3. anderen, die keine eigenen Beiträge zur Sicherheit leisten, das Trittbrettfahren zu ermöglichen (Mölling 2012, S. 3).

Der konstitutive Parlamentsvorbehalt als Hindernis für verstärkte multinationale Kooperation?

Zur Beantwortung der Frage, ob der konstitutive Parlamentsvorbehalt in Deutschland ein Hindernis für eine verstärkte multinationale Zusammenarbeit darstellt, das ggf. durch eine Weiterentwicklung des ParlBG beseitigt werden sollte, ist es zweckmäßig, den Ansatz zunächst auf die Fragestellung zu erweitern, ob Deutschland in der NATO und der EU als verlässlicher sicherheitspolitischer Partner gesehen wird. Hier bestehen aus der Sicht von Deutschlands Bündnispartnern einige Zweifel, für die es nachvollziehbare Gründe gibt.

Ein erster Grund könnte in einer subtilen Veränderung der Programmatik der Bundesregierung liegen. Während die Verteidigungspolitischen Richtlinien (VPR) von 2003 – wie oben dargestellt – noch uneingeschränkt die multinationale Einbindung der Bundeswehr als konstitutives Merkmal bezeichneten und auch das Weißbuch 2006 (BMVg 2006) diese an vielen Stellen betonte, sprechen die VPR 2011 auf einmal von „national unverzichtbaren" Fähigkeiten, die „ausschließlich national vorgehalten werden" müssten, von Zusammenarbeit, „ohne dass dabei die nationale Fähigkeit abgegeben wird" und folgern: „Gegenseitige Abhängigkeiten für den Einsatz und im Einsatz dürfen nur in dem Maße zugelassen werden, wie dies die Wahrnehmung der Aufgaben erfordert" (BMVg 2011, S. 14). Ob eine solche Formulierung von den Partnern als klares Bekenntnis zu mehr Pooling und Sharing verstanden wird, kann bezweifelt werden.

Die VPR 2011 wurden im Mai veröffentlicht, exakt zwei Monate nach der deutschen Enthaltung im Sicherheitsrat zum Libyen-Einsatz, die Deutschland als „unzuverlässigen Bündnispartner" (Varwick 2011) erscheinen ließ bzw. bei den Partnern, aber auch in Deutschland selbst, Verunsicherung und Betroffenheit hervorgerufen hatte (Brose 2013). Aber das war nicht das einzige Vorkommnis, das im Bündnis Irritationen hervorrief. Deutschland zog auch seine Soldaten aus den

© Springer Fachmedien Wiesbaden 2015
U. von Krause, *Das Parlament und die Bundeswehr,* essentials,
DOI 10.1007/978-3-658-07112-7_4

über dem Mittelmeer operierenden AWACS[1] und seine Schiffe aus den NATO-Flotten im Mittelmeer ab, als diese die Durchsetzung der Flugverbotszone über Libyen bzw. der Seeblockade übernehmen sollten. Und schon zwei Monate vorher hatte die Bundesregierung das Ersuchen der NATO zurückgewiesen, sich mit 100 Soldaten an einer AWACS-Mission in Afghanistan zu beteiligen. Frankreich und Großbritannien übernahmen die Aufgabe alleine, was sie allerdings nur für eine begrenzte Zeit konnten,[2] denn ohne den deutschen Anteil am AWACS-Verband ist dieser nicht durchhaltefähig. Erst im Nachgang zur Libyen-Entscheidung – quasi als Kompensation für die Nichtbeteiligung an den Einsätzen – beschloss die Bundesregierung, sich doch an der AWACS-Mission über Afghanistan zu beteiligen.[3] Dieses alles war geeignet, bei den Bündnispartnern Zweifel an Deutschlands Verlässlichkeit zu begründen. Die deutsche Position wurde als „widersprüchlich, unsolidarisch und nicht im Einklang mit der wichtigen Stellung des Landes wahrgenommen" (Brose 2013, S. 5), der deutschen Sicherheitspolitik wurde ein „Glaubwürdigkeitsproblem" attestiert (Schockenhoff et al. 2012, S. 6).

Die Vorkommnisse, die derartigen Zweifeln Nahrung geben, gehen – wie vielfältig richtig angemerkt wird – nicht unmittelbar auf den Parlamentsvorbehalt zurück. Denn in keinem Fall hat der Deutsche Bundestag bisher einen Antrag der Bundesregierung auf Zustimmung zu einem Auslandseinsatz abgelehnt. Vielmehr war es die Bundesregierung, die die entsprechenden Entscheidungen getroffen hatte – und das vorrangig aus innenpolitischen Gründen. Sei es, dass man befürchtete, im Parlament keine Mehrheit zu finden – hier also ein Bezug zum Parlamentsvorbehalt – , sei es, dass man die öffentliche Debatte scheute. Eine kritische Stimme formulierte das wie folgt: „Der fehlende Mut, sich gegen die veröffentlichte Meinung zu stellen und die Bereitschaft, sich populistisch von einem utopischen Pazifismus treiben zu lassen, wird von den Verbündeten mit wachsender Sorge gesehen" (Naumann 2012, S. 231).

Mit der Erkenntnis, dass es nicht das Parlament, sondern die Regierungen waren, die einen Zick-Zack-Kurs steuerten, ist die Frage nach der Vereinbarkeit des deutschen Parlamentsvorbehalts mit einer vertieften Kooperation bzw. Integration in der Militär- und Sicherheitspolitik allerdings nicht vom Tisch. Denn für Vertrau-

---

[1] Dieser Vorfall rief das Jahr 1993 in die Erinnerung zurück, als die FDP-Bundestagsfraktion die eigene Bundesregierung durch eine Klage vor dem BVerfG zwingen wollte, die deutschen AWACS-Besatzungen aus einem Einsatz über Jugoslawien zurückzuziehen (von Krause 2013, S. 183 f.).

[2] „Krieg in Afghanistan: Nato startet Awacs-Mission ohne Deutschland". Spiegel-Online vom 10.01.2011 (Zugriff: 07.07.2014).

[3] „Als Entlastung für Libyen-Krieg: Kabinett beschließt AWACS-Einsatz in Afghanistan". FAZ-Net vom 23.03.2011 (Zugriff: 07.07.2014).

en sind nicht nur die Fakten, sondern ist auch deren Wahrnehmung ein entscheidender Faktor (Varwick 2012a, S. 230). Und wenn schon die Bundesregierungen bei den Bündnispartnern Zweifel ausgelöst haben, ob Deutschland zu seinen eingegangenen Verpflichtungen steht, dann ist aus deren Sicht mit jedem zusätzlichen Akteur, der an den Entscheidungen beteiligt ist, das Risiko dafür noch größer. Dieses trifft vor allem in Ländern zu, die eine völlig andere politische Kultur haben.[4] Dabei müssen auch Konstellationen in Erwägung gezogen werden, in denen nur knappe oder gar wechselnde Mehrheitsverhältnisse im deutschen Bundestag gegeben sind, was eine auf Kontinuität ausgerichtete Außenpolitik zumindest erschweren würde.[5]

Unter diesem Aspekt sollen im Folgenden verschiedene Ansätze diskutiert werden, die auf eine Erhöhung der „Verträglichkeit" der verschiedenen Formen von Kooperation bzw. Integration mit dem Parlamentsvorbehalt abzielen.

---

[4] Als Beispiel dafür seien die Ausführungen des französischen Journalisten Philippe Leymaire zitiert: „Eine weitere Besonderheit aus französischer Sicht ist die politische Einordnung der Bundeswehr als ‚Parlamentsarmee', die aus ‚Bürgern in Uniform' besteht. Dieser enge, durch die Verfassung vorgegebene Rahmen, die strenge Kontrolle durch den Bundestag, die Debatten über die Einsätze und ihre Grenzen sowie das Gewicht der grünen und liberalen Pazifisten, all das kennt man so in Frankreich nicht, wo traditionell der Präsident über alles entscheidet und auch die Armee oftmals ihre eigene Politik verfolgt". (McDonald et al. 2011, S. 31).

[5] Dieses ist eine Annahme, die man diskutieren kann. So hält Brissa es für „kaum vorstellbar, dass eine Mehrheit des Bundestags einen Einsatz im multinationalen Rahmen die Zustimmung verweigere oder diese nachträglich widerrufe" (2012, S. 143). Aber entscheidend ist die Perzeption bei den Bündnispartnern.

Ansätze zur Entschärfung des Spannungsverhältnisses zwischen Kooperation/Integration und Parlamentsvorbehalt

5

5.1 Entwicklung und gesellschaftliche Debatte einer schlüssigen außen- und sicherheitspolitischen Strategie

Als ein Schritt zur Erhöhung der Verlässlichkeit und Akzeptanz der Entscheidungen wird die Entwicklung einer außen- und sicherheitspolitischen Strategie empfohlen, die gesellschaftlich breit diskutiert werden sollte, vor allem auch zwischen Bundesregierung und Parlament (Naumann 2008, S. 43; Varwick 2012a, S. 230 f.; Schockenhoff et al. 2012, S. 14 f.; Brose 2013, S. 12).[1] Dahinter steht die Idee, dass die Bundesregierung regelmäßig ein – wie Naumann es nennt – „sicherheitspolitisches Leitlinien-Dokument" erarbeitet und es breit debattieren lässt. Parlament und Öffentlichkeit hätten dann periodisch die Möglichkeit, aber auch die Pflicht, sich mit der Entwicklung in Krisenregionen, aus der sich ggf. Handlungsbedarf ergeben könnte, bzw. mit dem Zielerreichungsgrad laufender Einsätze auseinanderzusetzen. Durch mehr Dialog, so die Erwartung, könnte ein breiterer Konsens erreicht werden, was die Handhabung des Parlamentsbeteiligungsgesetzes transparenter machen und damit das Vertrauen von Deutschlands Partnern erhöhen würde (Brose 2013, S. 12). Eine solche Debatte um die „großen" Linien der Sicherheitspolitik würde auch einer Tendenz des Deutschen Bundestages zu einem Ausweichen auf Detailkontrolle auf der Durchführungsebene entgegenwirken (Naumann 2008, S. 36; von Krause 2011, S. 199 ff.).

---

[1] Eine solche müsste bei fortschreitender Integration auch in eine zu entwickelnde europäische Sicherheitsstrategie eingebettet werden, die in einem „Weißbuch Europäische Sicherheit" dokumentiert werden könnte (Varwick 2012b).

© Springer Fachmedien Wiesbaden 2015
U. von Krause, *Das Parlament und die Bundeswehr,* essentials,
DOI 10.1007/978-3-658-07112-7_5

5.2   Sicherung des Verbleibs deutschen Personals in den Hauptquartieren und Stäben

Die HQ und Stäbe der NATO und der Militärstab der EU sind in den letzten Jahrzehnten in zunehmendem Maße in die Führung von Einsätzen involviert.[2] Dieses wirft neue Fragen hinsichtlich des deutschen Parlamentsvorbehalts auf. Zwar besteht weitgehender Konsens darüber,[3] dass – wie es in der Begründung zum Entwurf des ParlBG der damaligen rot-grünen Bundesregierung heißt – die Beteiligung deutscher Soldaten „in den ständigen integrierten sowie multinational besetzten Stäben und HQ der NATO und anderer Organisationen kollektiver Sicherheit nicht als Einsatz bewaffneter deutscher Streitkräfte im Sinne des Gesetzes angesehen wird", dass aber eine Verwendung „in eigens für konkrete bewaffnete Einsätze gebildeten Stäben und HQ" der parlamentarischen Zustimmung bedürfen.[4] Genau da liegt jedoch Potential für einen Dissens. Denn was sind „eigens gebildete Stäbe"?

Schon Mitte der 1990er Jahre wurde in der NATO ein erstes Konzept zur Aufstellung mobiler, multinational gemischter Führungselemente entwickelt.[5] Die ersten Erprobungen gingen von einer weitgehenden Neuaufstellung solcher Führungselemente außerhalb der bestehenden HQ aus, was militärisch äußerst problematisch ist, insbesondere unter Zeitdruck.[6] Daher wurde das Konzept dahingehend modifiziert, bestimmte Anteile der permanenten HQ als Nukleus für ein verlegefähiges Element –„Deployable Joint Staff Element" (DJSE)[7] – vorzusehen, das ggf. durch Verstärkungskräfte zu ergänzen wäre.

---

[2] So führt z. B. das Allied Joint Force Command (AJFC) in Brunssum, Niederlande, unter dem Kommando eines deutschen Generals den NATO-Einsatz „ISAF" in Afghanistan , (http:// www.jfcbs.nato.int/jfcbrunssum/mission_vision.aspx, Zugriff: 08.07.2014), der Libyen-Einsatz „Unified Protector" 2011 wurde vom AFJC in Neapel mit seinen beiden unterstellten Kommandos, dem Allied Air Command in Izmir (Türkei) und dem Allied Maritime Command, ebenfalls in Neapel, geführt (http://www.nato.int/nato_static/assets/pdf/pdf_2011_03/ 20110325_110325-unified-protector-command-control.pdf, (Zugriff: 09.07.2014).

[3] Eine andere Auffassung findet man z. B. bei Deisenroth, der bemängelt, es fehle „ohnehin an der Übertragung deutscher Hoheitsbefugnisse ‚durch Gesetz' (Art. 24 Abs. 1 GG) auf diese integrierten HQ und Stäbe" (Deisenroth 2012, S. 234).

[4] BT Drs 15/2742 vom 20.03.2004, S. 5.

[5] Der Fachausdruck lautet „Combined Joint Task Force" (CJTF) (Cragg 1996).

[6] Der Autor war in im Rahmen seiner militärischen Dienstzeit an der ersten Erprobung des Konzepts 1996 als Abteilungsleiter Logistik in dem „Ad hoc- CJTF" beteiligt.

[7] http://www.nato.int/fchd/FCHD/djse.html (Zugriff: 08.07.2014).

Die Frage des Parlamentsvorbehalts für Stabspersonal führte 2011 in der deutschen Politik tatsächlich zu einer öffentlichen Debatte, als die NATO entschieden hatte, die drei HQ, die den Libyen-Einsatz „Unified Protector" führten, aus anderen NATO-Stäben zu verstärken. Elf der dafür eingesetzten 250 Soldaten waren Bundeswehrangehörige. Vertreter der Opposition äußerten in den Medien die Meinung, die Bundesregierung hätte dafür die parlamentarische Zustimmung einholen müssen. Verteidigungsminister de Maizière wies diese Auffassung als „rechtsirrig" zurück und formulierte: „Andernfalls könnten wir aus der NATO austreten".[8]

Die Überlegungen zeigen, dass der bisherige Konsens durch die Weiterentwicklung der militärischen Strukturen und Verfahren ggf. überholt sein könnte. Sollte sich die herrschende Meinung durch politische Entscheidung und/oder ein Verfahren vor dem BVerfG dahingehend ändern, dass der Parlamentsvorbehalt in bestimmten Situationen auch für das Personal in den bestehenden HQ und Stäben zu gelten habe, so wäre das Risiko einer Abberufung des deutschen Personals aus den HQ gegeben. Dieses würde deren Funktionsfähigkeit gefährden. Denn gerade in Situationen, in denen HQ in der Einsatzführung gefordert sind und ohnehin personellen Mehrbedarf haben, z. B. durch Schichtbetrieb, lassen sich Lücken in der Personalausstattung kaum ausgleichen. Dann – um die Formulierung von Minister de Maizière aufzugreifen – könnte Deutschland tatsächlich aus der NATO austreten.

Vor diesem Hintergrund finden sich in der Literatur Vorschläge, diese Problematik durch Änderungen des ParlBG zu lösen und damit einen Beitrag zur Reduzierung des bei den deutschen Partnern bestehenden Misstrauens zu leisten.

Der eine Vorschlag zielt darauf, das Gesetz durch den oben zitierten Wortlaut der Begründung des Entwurfs des ParlBG von 2004 zu ergänzen, wobei die Formulierung „in den ständigen integrierten sowie multinational besetzten Stäben" nicht statisch zu interpretieren sei. Vielmehr beinhalte sie die „flexible Anpassung der Strukturen auf den konkreten Einsatz hin, allerdings strikt begrenzt auf die *ständigen* Dienstposten im Friedensumfang der Hauptquartiere der integrierten Kommandostruktur." Personelle Verstärkungen aus der übrigen Bundeswehr sollten hingegen dem Parlamentsvorbehalt unterliegen (Brose 2013, S. 13; Kursivdruck i. O.).

Ein weiterer Vorschlag zielt darauf, nur die Zustimmungsbedürftigkeit von ad hoc gebildeten Stäben in das ParlBG aufzunehmen und gleichzeitig den Katalog der Einsätze von geringer Intensität und Tragweite[9] um den Tatbestand der

---

[8] „Ströbele: Bundeswehr nimmt am Libyen-Krieg aktiv teil". In: FAZ NET vom 19.08.2011 (Zugriff: 08.07.2014).

[9] § 4, Abs. 3 ParlBG.

Kommandierung einiger weniger Soldaten von einem HQ zu einem anderen zu erweitern, der beim Libyen-Einsatz zur Diskussion geführt hatte, (Brissa 2012, S. 140 f.). Dieser Vorschlag hat jedoch auch Gegenstimmen auf den Plan gerufen. So wertet eine Kommission am Institut für Friedensforschung und Sicherheitspolitik an der Universität Hamburg (IFSH): „Eine Vorabzustimmung des Parlaments zu Einsätzen integrierter Verbände, Stäbe und Hauptquartiere würde das verfassungsrechtlich garantierte Recht des Bundestages, über den militärischen Einsatz der Bundeswehr zu entscheiden, in unakzeptabler Weise einschränken. Grundgesetzliche Pflichten und Rechte stehen über Effektivitätsüberlegungen" (Bald 2013, S. 5) – wobei nicht deutlich wird, ob es sich dabei um eine rechtliche oder eine politische Stellungnahme handeln soll.

5.3 Abgestufte Parlamentsbeteiligung bei integrierten Verbänden

Die Skizze der Formen von Kooperation hat gezeigt, dass sich diese nach dem Grad der Integration differenzieren lassen:

- permanente Strukturen im Rahmen von Pooling, bei denen – wie bei AWACS – die funktionale Integration so weit geht, dass Teile nicht ohne Beeinträchtigung der Gesamtfunktionsfähigkeit herausgelöst werden können,
- das additive Zusammenfassen von gleichartigen oder ähnlichen Fähigkeiten – wie beim EATC –, die gegenseitig austauschbar sind, so dass die Herauslösung von Teilen möglich ist, ohne die Gesamtfunktion zu gefährden,
- temporäre multinationale Truppenstrukturen – wie NRF und EU BG – mit schneller Verfügbarkeit.

Das BVerfG hat in seinen Entscheidungen zu Streitfragen des Parlamentsvorbehalts allerdings deutlich gemacht, dass es nicht auf das Ausmaß der Integration ankommt, sondern lediglich auf den im ParlBG normierten Tatbestand der Einbeziehung von Streitkräften in bewaffnete Unternehmungen.[10] Im Streitkräfteurteil hatte das Gericht dem Gesetzgeber die Befugnis eingeräumt, Form und Ausmaß der parlamentarischen Mitwirkung näher auszugestalten, wobei je nach dem Anlass und den Rahmenbedingungen des Einsatzes unterschiedliche Formen der Mitwirkung denkbar seien. Es hatte dabei betont, dass „(d)ie verfassungsrechtlich gebotene Mitwirkung des Bundestages bei konkreten Entscheidungen über den

---

[10] Zuletzt in der AWACS-Türkei-Entscheidung, BVerfG 2 BvE 1/03 vom 12.02.2008.

Einsatz bewaffneter Streitkräfte ... die **Wehr- und Bündnisfähigkeit** der Bundesrepublik Deutschland **nicht beeinträchtigen** (dürfe)" und mit Blick auf eine Bündniszugehörigkeit angeregt, „im Rahmen völkerrechtlicher Verpflichtungen die parlamentarische Beteiligung nach der Regelungsdichte abzustufen, in der die Art des möglichen Einsatzes der Streitkräfte bereits durch ein vertraglich geregeltes Programm militärischer Integration vorgezeichnet ist" (BVerfG 2 BvE 3/92, S. 344 ff. Hervorhebung UvK).

Von der Befugnis zur Abstufung der Parlamentsbeteiligung hat der Gesetzgeber nur „sparsam" Gebrauch gemacht, indem er im ParlBG lediglich für Einsätze mit geringer Intensität und Tragweite ein vereinfachtes Verfahren festlegte und die Bundesregierung ermächtigte, bei Gefahr im Verzug die Zustimmung des Deutschen Bundestages nachträglich einzuholen.[11] An diesen Gedanken der Abstufung knüpfen vier Vorschläge an, die in der Literatur zu finden sind.

5.3.1   Spezialnorm für luftgestützte Aufklärungs- und Führungsfähigkeiten

Ein erster Vorschlag hebt auf die hohe Bedeutung der Aufklärungs- und Führungsfähigkeit für das Funktionieren der integrierten NATO-Kommandostruktur ab – z. Z. also der AWACS-Verband und die zukünftige Global HAWK-Struktur. Der Vorschlag lautet, diese Fähigkeiten ausdrücklich in das ParlBG aufzunehmen, wobei folgender Wortlaut vorgeschlagen wird: „Das operative Kommando über die NATO-Einheiten der luftgestützten Aufklärung und Führungsunterstützung ist auf den Obersten Befehlshaber der Alliierten Streitkräfte in Europa (SACEUR) übertragen. Die Verwendung deutscher Soldatinnen und Soldaten in diesen Einheiten stellt einen wesentlichen Bündnisbeitrag Deutschlands zur bestimmungsgemäßen Funktion der integrierten Kommandostruktur der NATO dar. Für diese Verwendung gilt die Zustimmung des Bundestages gemäß § 1(2) als erteilt" (Brose 2013, S. 13).

Eine solche Lösung würde die Rechtsunsicherheit, die zu mehreren Verfahren vor dem BVerfG geführt hatte, beseitigen und ein deutliches Signal an die Partner in den Bündnissen senden, dass auf die deutschen Beiträge in den integrierten Verbänden Verlass ist. Auch sie ist jedoch nicht unumstritten. So formuliert die Kommission des IFSH: „Die Entkoppelung der Teilnahme an integrierten Strukturen, die bewaffnete Einsätze führen (z. B. Einsatzstäbe) und umsetzen (z. B. AWACS, Allied Ground Surveillance), von der Entsendeentscheidung birgt das Risiko, dass der Parlamentsvorbehalt ausgehöhlt wird (Bald 2013, S. 6).

---

[11] §§ 4, 5 ParlBG.

5.3.2 Stärkung der Regelungen für eilbedürftige Einsätze

In Anlehnung an die im Gesetz enthaltene Regelung zur Parlamentsbeteiligung bei Gefahr im Verzug geht ein anderer Vorschlag dahin, die Bundesregierung bei „Eilbedürftigkeit" zu ermächtigen, bewaffnete Streitkräfte vorläufig einzusetzen. Dieses soll für Einsätze gelten, deren „Zweck oder Rahmenbedingungen einen kurzfristigen Operationsbeginn erfordern," wenn „dafür eine Entscheidung des Deutschen Bundestages nicht rechtzeitig herbeigeführt werden kann". Nach dem Vorschlag hätte sich die Bundesregierung vor einem solchen Einsatz mit den Obleuten von Auswärtigem Ausschuss und Verteidigungsausschuss ins Benehmen zu setzen. Käme anschließend eine Zustimmung des Bundestages nicht innerhalb von 30 Tagen zu Stande, so wäre der Einsatz zu beenden. Diese Regelung sollte auch für Pooling- und Sharing-Arrangements gelten, wenn deutsche Kontingente aus solchen Arrangements in Einsätze gehen sollen, die ohne Gegenstimme im Europäischen Rat bzw. im NATO-Rat beschlossen worden sind (Varwick 2012a, S. 231).

Dieser Vorschlag überzeugt nur bedingt. Denn er zielt nicht auf den Kernaspekt der Unsicherheit von Einsatzentscheidungen – ein zweiten Akteur – , sondern hebt im Wesentlichen auf die Befürchtung ab, der Bundestag entscheide nicht schnell genug. Für einen solchen Fall könnte die Bundesregierung ggf. auch auf die Befugnis zurückgreifen, bei Gefahr im Verzug zu handeln und das Parlament im Nachgang zu befassen.

5.3.3 Delegation bestimmter Entscheidungen auf Ausschüsse

Ein weiterer Vorschlag geht dahin, die Zustimmung zu bestimmten Einsätzen auf spezielle Ausschüsse zu delegieren, um einerseits das Entscheidungsverfahren zu beschleunigen, andererseits aber auch das Spannungsverhältnis zwischen parlamentarischer Information und militärischer Geheimhaltung zu entschärfen.

Schon 2003 hatte die FDP-Bundestagsfraktion den Vorschlag eines „Ausschusses für Auslandseinsätze" in die parlamentarische Beratung des ParlBG eingebracht,[12] der im weiteren parlamentarischen Verfahren keine Zustimmung fand. Als eine Variante wurde danach aus dem Kreis der Wissenschaft ein „Entsendeausschuss" vorgeschlagen (Noetzel et al. 2007a, S. 4). Diesem sollte vorrangig die Kontrolle der geheimhaltungsbedürftigen Einsätze obliegen, bei denen derzeit

---

[12] BT Drs 15/1985 vom 02.11.2003.

nur ein geringer Einfluss des Parlaments gegeben ist.[13] Der Vorschlag wandelte sich zu einem „Einsatzausschuss", der entweder eigenständig oder als Unterausschuss des Auswärtigen Ausschusses die Plenarentscheidungen zu Anträgen der Bundesregierung vorbereiten sollte. Für die Behandlung geheimschutzbedürftiger Vorgänge sollte ein entsprechender Unterausschuss gebildet werden (Noetzel et al. 2007b, S. 41 f.).

In der rechtswissenschaftlichen Literatur ist umstritten, in welchem Umfang Befugnisse vom Plenum auf Ausschüsse delegiert werden dürfen. Konsensfähig dürfte sein, dass „wesentliche Entscheidungen" dem Plenum vorbehalten bleiben müssen, „nachrangige" hingegen delegiert werden können (Wiefelspütz 2008, S. 209 f.).[14] Solche Überlegungen erscheinen zwar geeignet, zur weiteren Optimierung der innerparlamentarischen Abläufe beizutragen, eine wesentliche Entschärfung der „Vertrauensproblematik" des deutschen Parlamentsvorbehalts ist von ihnen jedoch nicht zu erwarten.

5.3.4   Vorabentscheidungen bzw. Vorratsbeschlüsse

Bei der Diskussion um das Spannungsverhältnis zwischen Parlamentsvorbehalt und Bündnisintegration zielen eine Reihe von Vorschlägen darauf, Vorabentscheidungen bzw. Vorratsbeschlüsse des Bundestages in das ParlBG aufzunehmen (Varwick 2012a, S. 231; von Krause 2011, S. 314 f.).[15] Dies wäre, unbeschadet der politischen Bewertung, verfassungsrechtlich unbedenklich, wenn – so die oben zitierte Ausführung des BVerfG – die Art des möglichen Einsatzes der Streitkräfte bereits

---

[13] Das langjährige Mitglied des Bundestages, einer der besten Kenner der Problematik der Parlamentsbeteiligung, Winfried Nachtwei (Bündnis 90/Die Grünen), qualifizierte die Parlamentsbeteiligung hinsichtlich der Spezialkräfte als „einen selbstverschuldeten Tiefpunkt" (von Krause 2011, S. 190).

[14] In diesem Sinne ist auch die Entscheidung des BVerfG zu werten, das die Delegation von Entscheidungen zur Europäischen Stabilisierungsfazilität (EFSF) auf ein „Sondergremium" des Haushaltsausschusses für verfassungswidrig erklärte (BVerfG 2BvE 8/11 vom 28.02.2012).

[15] Der Verfasser hat an anderer Stelle diesen Vorschlag mit der Einführung einer qualifizierten Mehrheit für Erst- und Eskalationsentscheidungen zum Einsatz der Bundeswehr verknüpft, um die Parlamentsrechte zu stärken. Dieses folge aus der Analogie zur Feststellung des Verteidigungsfalles, der gem. Art. 115 a GG eine Zweidrittelmehrheit erfordert. Die Tragweite eines Einsatzes der Bundeswehr in 5000 km Entfernung wird als mindestens so gewichtig angesehen, wie die Entscheidung zur Verteidigung des eigenen Landes gegen einen gegenwärtigen oder unmittelbar drohenden Angriff, bei dem die Notwendigkeit eigentlich auf der Hand liegt (von Krause 2011, S. 315). Das BVerfG hatte dieses in seinen Beratungen 1994 offensichtlich anders bewertet.

durch ein vertraglich geregeltes Programm militärischer Integration vorgezeichnet ist (Wiefelspütz 2008, S. 210). Aus der AWACS-Türkei Entscheidung des BVerfG wird allerdings in einem Kommentar gefolgert, dass es nicht einfacher geworden sei, die für NRF und EU BG geforderten Sonderregelungen „unter Berufung auf diese frühere Aussage des BVerfG von 1994 zu begründen" (Sohm 2008, S. 238).

Derartige Überlegungen gehen davon aus, dass die Parlamentsbeteiligung für die NRF oder EU BG nicht erst bei bevorstehenden konkreten Einsätzen beantragt wird, sondern bereits nach Anmeldung deutscher Beiträge zu diesen multinationalen Truppenkörpern durch die Bundesregierung, spätestens mit Beginn der Verpflichtung („Stand By-Phase"). Wie oben angesprochen übernimmt die Bundesregierung mit dem Anzeigen eines Beitrags zu diesen Strukturen eine politische Verpflichtung zur Übernahme von Verantwortung. Damit wäre dieses ein geeigneter Zeitpunkt, auch das Parlament in die verfassungsmäßig vorgesehene Mitverantwortung einzubeziehen, und zwar nicht nur – wie unter der jetzigen Regelung – durch „informelle Einbindung" der Fraktionsspitzen bzw. der „fachpolitischen Sprecher und Berichterstatter der Fraktionen" (Brissa 2012, S. 143),[16] sondern durch das offizielle Zustimmungsverfahren gem. ParlBG.

Mit einem Bundestagsbeschluss zu einem solchen Zeitpunkt würde die Bundesregierung ermächtigt, im Falle von einstimmigen Einsatzentscheidungen im NATO-Rat bzw. im Rat der EU die angemeldeten Truppenteile auch tatsächlich zur Verfügung zu stellen. Dem Parlament blieben im Einsatzfall Informationsrechte und das Rückholrecht (Wiefelspütz 2008, S. 211). Angesichts der kurzen zeitlichen Dauer der eingegangenen Verpflichtung (NRF: 12 Monate, EU BG: 6 Monate) lässt sich bei der Beschlussfassung des Deutschen Bundestages ggf. auch bereits erkennen, welche Einsätze sich ergeben können, so dass – eine entsprechende Formulierung im Gesetz vorausgesetzt – mit der Zustimmung einerseits konkrete Einsätze, andererseits aber auch Kriterien bzw. Restriktionen für noch nicht hinreichend konkretisierbare Einsätze definiert werden könnten. Ein denkbares Beispiel vor dem derzeitigen Hintergrund (2014) wäre die Ermächtigung zu einem Einsatz der NRF an der Ostgrenze der NATO im Rahmen der Bündnisverteidigung. Ein solcher Beschluss hätte den „Nebeneffekt", dass ein sichtbares politisches Signal im Sinne von Abschreckung ausgesandt würde. Für die EU BG könnte es die Ermächtigung zu einem Einsatz in Mali sein – für den Fall einer Verschärfung der Lage dort. Falls die EU BG in Krisen ohne „strategische Vorwarnung" – und damit ohne Abbildung in einem Mandat für den deutschen Anteil – eingesetzt werden soll, so müsste in einem solchen Fall die Zustimmung des Bundestages zum Ein-

---

[16] Zumal dabei nicht das gesamte Parlament eingebunden wird, sondern nur Politiker der die Regierung tragenden Fraktionen (von Krause 2011, S. 185).

satz der deutschen Anteile an der EU BG separat eingeholt werden. Dann könnte die Bundesregierung im Rat der EU einem Beschluss nur unter dem Parlamentsvorbehalt zustimmen. Denkbar sind bei Vorabbeschlüssen auch regionale Vorgaben, z. B. „kein Einsatz in Syrien" oder „kein Einsatz in Zentralafrika", aber auch rechtliche Beschränkungen, wie die zwingende Notwendigkeit eines Mandats des UN-Sicherheitsrats.

Nun wird in der Diskussion häufig das Argument gebracht, eine solche Vorabermächtigung sei nicht erforderlich, da die politischen Entscheidungsprozesse in den Bündnissen ohnehin eine gewisse Zeitspanne erfordern, die für eine Beschlussfassung des Bundestages ausreichend seien (Brissa 2012, S. 141 ff.; Deisenroth 2012, S. 232). Diese Argumentation verkennt allerdings Aspekte der praktischen Durchführung. Zwar wird aus juristischer Perspektive argumentiert, die „militärfachliche Rationalität" sollte „nicht der Maßstab für Einsatzentscheidungen der Bundeswehr und die nähere Ausgestaltung der parlamentarischen Beteiligung sein" (Wiefelspütz 2012, S. 19). Es wird aber an gleicher Stelle auf „Gestaltungsoptionen" des Deutschen Bundestages verwiesen, die Vorabgenehmigungen beinhalten könnten (ebenda, S. 20).

Die Probleme der Praktikabilität sollen am Beispiel der EU BG erläutert werden, bei denen derzeit noch die engsten Zeitvorgaben bestehen. Wie oben dargestellt lautet die Forderung, nach den politischen Entscheidungen im Rat der EU innerhalb von fünf Tagen die nationalen Entscheidungen herbeizuführen. Nach weiteren 10 Tagen soll der Einsatz beginnen können.[17] Um das zu gewährleisten, müssen die militärischen Planungen, die in einen Operationsplan münden, parallel zu den Beratungen in den Hauptstädten erfolgen, um ebenfalls nach fünf Tagen abgeschlossen zu sein (Major et al. 2010, S. 16). Wenn Partner während einer so extrem kurzen Zeitspanne aus ihrer eingegangenen Verpflichtung „aussteigen", weil sie innenpolitisch keine Zustimmung erreichen, dann sind die militärische Planung und ggf. sogar die gesamte Operation gefährdet. Im Falle einer Realisierung der „Speerspitze" wird diese Argumentation noch zwingender.

Vorabentscheidungen für „bestimmte typisierte Einsätze" (Wiefelspütz 2012, S. 20) wären ein geeignetes Mittel für praktikable Entscheidungsverfahren unter den engen zeitlichen Vorgaben für die multinationalen Truppenstrukturen. So könnte das beeinträchtigte Vertrauen der Partner in Deutschlands Verlässlichkeit gestärkt werden. Eine Ausweitung von Vorabentscheidungen über „typisierte Einsätze" hinaus, also eine pauschale Beschlussfassung des Parlaments zu Anfang der

---

[17] Aufgrund der für einen Einsatz notwendigen Verlegung von Personal und Material in die Einsatzregion, die zeitaufwändig ist, geht man allgemein davon aus, dass nach den 10 Tagen die Verlegebereitschaft hergestellt sein soll und nur erste Teilkontingente tatsächlich verlegt werden.

Wahlperiode zur Genehmigung aller im Verlaufe der Wahlperiode „anfallenden" bewaffneten Einsätze wären hingegen „mit der normativen Vorgabe des Grundgesetzes unvereinbar und deshalb verfassungswidrig" (ebenda). Daraus folgt, dass bei Pooling-Arrangements, die nicht den engen zeitlichen Anforderungen der auf schnelle Reaktion ausgerichteten Truppenstrukturen unterliegen, grundsätzlich die Zustimmung des Bundestages vor konkreten bewaffneten Einsätzen erforderlich bleibt. Wenn – wie bei der gemeinsamen Lufttransportfähigkeit unter dem EATC – die Struktur eines Pools das Herauslösen von Elementen erlaubt, ohne die Gesamtfunktion zu gefährden, ist das unter Gesichtspunkten der Praktikabilität unkritisch. Dabei bliebe es allerdings der Bundesregierung unbenommen zu beantragen, die deutschen Lufttransportkapazitäten für eine evtl. Verlegung von NRF respektive EU BG mit in den Antrag für einen Vorabbeschluss des Bundestages aufzunehmen. Für den Fall, das sich Pooling-Modelle mit einem so hohen Integrationsgrad entwickeln wie beim AWACS-Verband, die nicht unter die vorgeschlagene Spezialnorm für „Aufklärungs- und Führungsfähigkeiten" zu subsumieren wären, bliebe es allerdings bei dem „Risiko" des vorherigen Zustimmungserfordernisses des Deutschen Bundestages. Mit einer Realisierung von vorstehend skizzierten Vorschlägen würde jedoch das Misstrauen der Bündnispartner zunehmend abgebaut, so dass schließlich ein flexibler deutscher Parlamentsvorbehalt in ihrer Perzeption kein Problem mehr sein dürfte.

Aktuelle Positionen der Politischen Parteien zur Fortentwicklung des Parlamentsbeteiligungsgesetzes

6.1 Positionierung nach Verabschiedung des ParlBG

Das ParlBG wurde erst nach rund 10 Jahren Erfahrung mit der praktischen Umsetzung des Parlamentsvorbehalts beschlossen. Dennoch setzte schon wenig später in Politik und Wissenschaft eine Diskussion um eine Anpassung des Gesetzes an die oben skizzierten Entwicklungen ein. Namhafte Politiker von SPD und CDU/CSU betonten unter Hinweis auf die Verpflichtungen Deutschlands in NRF und EU BG die Notwendigkeit eines raschen Entscheidungsprozesses und regten darüber hinaus an, dass der Bundestag nicht zu viele Details regeln solle, so der stellvertretende Vorsitzende der CDU/CSU-Bundestagsfraktion Andreas Schockenhoff,[1] der Fraktionsvorsitzende und ehemalige Bundesverteidigungsminister Peter Struck (SPD) und das Mitglied im Auswärtigen Ausschuss Karl-Theodor zu Guttenberg (CDU/CSU) (Klose 2007, S. 25 f.). Solche Überlegungen wurden jedoch von anderer Seite abgelehnt, z. B. von Bundesaußenminister Frank-Walter Steinmeier (SPD), da sie „am Kern unseres Verfassungsverständnisses" rührten. Steinmeier argumentierte: „Unsere Partner wissen, dass der deutsche Bundestag auch in der Lage ist, schnelle Entscheidungen zu treffen".[2]

2008 forderte die Bundestagsfraktion der CDU/CSU in einem Strategiepapier, das ParlBG sei anzupassen, „(w)enn und solange Einheiten der Bundeswehr als fester Bestandteil eines multinationalen Eingreifverbandes zur militärischen Krisenbewältigung zur Verfügung gestellt werden" (CDU/CSU 2008, S. 12). Auf-

---

[1] „Steinmeier begräbt CDU-Plan für schnelleren Militäreinsatz. Bundestag könne über Missionen schnell genug entscheiden". In: Financial Times Deutschland vom 30.01.2007, S. 9.

[2] wie vorherige FN 47.

© Springer Fachmedien Wiesbaden 2015
U. von Krause, *Das Parlament und die Bundeswehr*, essentials,
DOI 10.1007/978-3-658-07112-7_6

grund der Meinungsunterschiede in der Großen Koalition kam es jedoch zu keinen weiteren parlamentarischen Aktivitäten in dieser Richtung.

Ein nächster Impuls aus der Politik erfolgte 2012 mit einem Thesenpapier, das – unter Beteiligung von Wissenschaftlern und ehemaligen Soldaten – von Andreas Schockenhoff und Roderich Kiesewetter, Obmann im Auswärtigen Ausschuss der CDU/CSU-Bundestagsfraktion, erarbeitet worden war. Es griff eine Reihe der oben erläuterten Vorschläge auf und formulierte prägnant: „Zu denken wäre an einen im Rahmen der jährlichen Debatte sicherheitspolitischer Richtlinien … jeweils zu fassenden Parlamentsbeschluss für die Bereitstellung deutscher Soldaten und Fähigkeiten in integrierten Streitkräften, deren Einsatz dann einem einstimmigen Beschluss des Europäischen Rates (oder des NATO-Rates) unterläge. So obläge der Exekutive das ‚Einsatzrecht' und dem Bundestag als der Legislative das ‚Rückholrecht'" (Schockenhoff et al. 2012, S. 8). Aber auch auf diesen Vorstoß erfolgten zunächst keine unmittelbaren Aktivitäten.

6.2 Kommission Parlamentsrechte bei Mandatierung von Auslandseinsätzen

Erst nach der Bundestagswahl 2013 geriet der parlamentarische Diskussionsprozess wieder in Bewegung. CDU, CSU und SPD einigten sich im Koalitionsvertrag vom 14.12.2013 auf die folgende Aussage:

> Die Bundeswehr bleibt auch in Zukunft Parlamentsarmee. Die parlamentarische Beteiligung an der Entscheidung über den Einsatz der Bundeswehr hat sich bewährt. Sie ist eine Grundlage für die breite Verankerung der Bundeswehr und ihrer Einsätze in der Gesellschaft. Der Parlamentsvorbehalt ist keine Schwäche Deutschlands, sondern eine Stärke. Wir wollen die Beteiligung des Parlaments an der Entscheidung über den Einsatz deutscher Soldatinnen und Soldaten auch angesichts vermehrter Zusammenarbeit und Arbeitsteilung mit unseren Partnern sicherstellen. Eine zunehmende Mitwirkung deutscher Soldatinnen und Soldaten in integrierten Strukturen und Stäben auf NATO- und EU-Ebene muss mit dem Parlamentsvorbehalt vereinbar sein. Deshalb wollen wir eine Kommission einsetzen, die binnen Jahresfrist prüft, wie auf dem Weg fortschreitender Bündnisintegration und trotz Auffächerung von Aufgaben die Parlamentsrechte gesichert werden können. Die Kommission wird darauf aufbauend Handlungsoptionen formulieren (CDU/CSU/SPD 2013, S. 123 f.).

Angesichts der vorher deutlich zu Tage tretenden Auffassungsunterschiede ist diese Passage eine politische Kompromissformel. Einerseits werden das potentielle Spannungsverhältnis zwischen Parlamentsvorbehalt und vermehrter Zusammenarbeit und Arbeitsteilung in den Bündnissen einschließlich der Problematik der integrierten Stäbe angesprochen, allerdings ohne die Frage des getrübten Vertrauens der Bündnispartner Deutschlands explizit zu thematisieren. Andererseits ist der Gesamttenor der Formulierung defensiv. Im Vordergrund stehen nicht die Funktionsfähigkeit der Bündnisse und auch nicht das beeinträchtigte Vertrauen der Partner, sondern die Sicherung der Parlamentsrechte, die – wie bereits oben betont – im Vergleich zu anderen Staaten besonders ausgeprägt sind.

Nach intensiver parlamentarischer Erörterung – u. a. in zwei ausführlichen Plenardebatten[3] – beschloss der Bundestag am 20.03.2014 die Einsetzung der im Koalitionsvertrag verabredeten Kommission. Der Auftrag entspricht dem Wortlaut des Antrags der Regierungsfraktionen. Die Oppositionsparteien, die entgegen dem Wunsch der Großen Koalition nach einer parteiübergreifenden Konsenssuche nicht zu einer Mitarbeit in der Kommission bereit waren, hatten eigene Anträge eingebracht, die abgelehnt wurden.[4]

Der Auftrag der Kommission spiegelt naturgemäß die gleiche Kompromissformel wider wie der Koalitionsvertrag. Er lautet:

> Der Deutsche Bundestag beauftragt die Kommission zu prüfen, wie auf dem Weg fortschreitender Bündnisintegration und trotz Auffächerung von Aufgaben die Parlamentsrechte gesichert werden können. Ziel der Kommission soll die rechtliche und politische Prüfung eines entsprechenden Handlungsbedarfes zur Anpassung des Parlamentsbeteiligungsgesetzes sein. Die Kommission soll darauf aufbauend Handlungsoptionen möglichst im Konsens formulieren, die gegebenenfalls in ein förmliches Gesetzgebungsverfahren eingebracht werden können.
> Die Arbeit der Kommission sollte sich auf folgende Aspekte konzentrieren:
> - Untersuchung der verschiedenen im Rahmen von NATO und EU bestehenden und künftig zu erwartenden Formen militärischer Integration sowie Identifizierung möglicher Spannungsverhältnisse zur gegenwärtigen Ausgestaltung der Parlamentsbeteiligung in Deutschland;
> - Untersuchung der verfahrensmäßigen wie verfassungsrechtlichen Möglichkeiten einer frühzeitigen parlamentarischen Beteiligung unter Nutzung des gesamten Spektrums möglicher Instrumente;
> - Untersuchung von Möglichkeiten der Abstufung der Intensität parlamentarischer Beteiligung nach der Art des Einsatzes unter voller Berücksichtigung der Rechtsprechung des Bundesverfassungsgerichts;
> - Formulierung konkreter Handlungsoptionen möglichst im Konsens, die auf den Untersuchungen aufbauen.[5]

---

[3] BT PlPr 18/21 vom 14.03.2014 und 18/23 vom 20.03.2014.

[4] BT PlPr 18/23 vom 20.03.2014, S. 1863.

[5] BT Drs 18/766 vom 11.03.2014.

Die Kommission sollte ursprünglich 16 Mitglieder haben, darunter externe Experten. Durch die Nichtbeteiligung der Oppositionsfraktionen hat das Gremium unter dem Vorsitz des ehemaligen Bundesverteidigungsministers Volker Rühe seine Arbeit mit 12 Mitgliedern aufgenommen. Neben Rühe gehören ihm ein ehemaliger Parlamentarischer Staatssekretär im Verteidigungsministerium, vier Abgeordnete des Deutschen Bundestages, drei Wissenschaftler, ein ehemaliger Direktor des Deutschen Bundestages und zwei ehemalige Generale an.[6]

Im Folgenden sollen die Positionen der im Deutschen Bundestag vertretenen Parteien zur Notwendigkeit und Zielrichtung einer Anpassung des ParlBG beleuchtet werden. Auch wenn es in den beiden Plenardebatten zur Einsetzung der Kommission formal „nur" um den Rahmen für deren Arbeit ging, so machten die unterschiedlichen Anträge und Debattenbeiträge die z. T. gegensätzlichen Positionen der Fraktionen zur Frage der Fortentwicklung des ParlBG deutlich.

6.2.1   CDU/CSU

Es kann nicht verwundern, dass die in der Debatte zu Wort gekommenen Abgeordneten der CDU/CSU-Bundestagsfraktion sich am deutlichsten für eine Anpassung des ParlBG im Sinne von mehr Flexibilität äußerten, hatte sich die Fraktion doch in ihrem Strategiepapier von 2008 dezidiert in diesem Sinne geäußert.

So betonte der erster Redner der Union, Andreas Schockenhoff, einerseits deutlich die Notwendigkeit einer verstärkten multinationalen Kooperation, besonders in den Bereichen Transport, Luftbetankung, medizinische Versorgung und Aufklärung, und verwies auf die durch Pooling und Sharing entstehende Integration und damit gegenseitige Abhängigkeit. Er mahnte dabei an: „Konzepte vertiefter **Aufgabenverteilung** funktionieren allerdings **nur**, wenn sich die **Partner** darauf **verlassen** können, dass Deutschland grundsätzlich zu einem Einsatz seiner Streitkräfte bereit ist". Andererseits postulierte er: „Die deutsche Politik – damit auch hier keine Legenden entstehen – muss selbstverständlich weiterhin **bei jeder einzelnen Mission entscheiden**, ob deutsche Streitkräfte daran teilnehmen oder ob sie aus gravierenden Gründen nicht daran teilnehmen sollen". Diese Formulierung ließ offen, ob eine solche Entscheidung auch – im Sinne des Strategiepapiers seiner Fraktion aus 2008 oder seines Beitrags von 2012 – vorab erfolgen könne. Und auch die folgende Aussage, dass es durch die zunehmende Integration europäischer Streitkräfte künftig möglich sein werde „dass deutsche Soldaten in einen EU- oder

---

[6] http://www.bundestag.de/bundestag/gremien18/auslandseinsaetze/mitglieder/263180 (Zugriff: 19.07.2014).

NATO-Einsatz gehen, den die deutsche Regierung und der Deutsche Bundestag aus eigener Initiative – ich betone: aus eigener Initiative – nicht auf die Tagesordnung gesetzt hätten", blieb hinsichtlich der Frage nach Vorabbeschlüssen unbestimmt.[7] Nachdem Schockenhoff sich vorher dezidiert für Vorabermächtigungen eingesetzt hatte, ist dieses ist offenkundig ein Einschwenken auf die Kompromissformel des Koalitionsvertrages

Eine etwas andere Position vertrat in der gleichen Debatte der Abgeordnete Philipp Mißfelder, wie Schockenhoff Mitglied im Auswärtigen Ausschuss. Im Sinne des Flexibilisierungsgedankens schlug er zunächst vor, zwischen dem Mandat für „ein oder zwei Stabssoldaten" und dem für substanzielle Kampfeinsätze zu unterscheiden. Zu letzteren führte er aber aus: „Natürlich würden sich Verbündete von uns beispielsweise dann, wenn die EU Battle Group in einen gefährlichen Einsatz geschickt werden soll, sicherlich wünschen, dass darüber nicht der Deutsche Bundestag letztendlich entscheidet, sondern dass die Verteidigungsministerin das auf einer Konferenz einfach zusagen kann. **Das möchte ich nicht, um meine persönliche Meinung dazu zu sagen**, weil ich der Ansicht bin, dass wir aufgrund der Größe und des Gefahrenpotenzials letztendlich immer hier den Abwägungsprozess vollziehen, diskutieren und auch namentlich abstimmen müssen."[8] Dieses war eine klare Absage an Vorabermächtigungen.

Die gegenteilige Position formulierte allerdings der Abgeordnete Henning Otte, Mitglied im Verteidigungsausschuss, mit dem Statement: „Bei Aufklärungsmissionen, bei der medizinischen Versorgung, bei der Luftbetankung kann man darüber nachdenken, ein **Grundmandat** zu erteilen, das konkret und präzise gefasst ist und **bis auf Widerruf** gelten könnte."[9]

In der CDU/CSU-Bundestagsfraktion gab es damit unterschiedliche Meinungen.

6.2.2   SPD

Auch in der SPD-Fraktion wurden in den beiden Plenarsitzungen beide Meinungsrichtungen erkennbar, die die Kompromissformulierung des Kommissionsauftrags zulässt.

Der Obmann der Fraktion im Auswärtigen Ausschuss Niels Annen begründete als erster Redner den Antrag der Regierungsfraktionen. Dabei unterstrich er offen-

---

[7] BT PlPr 18/21 vom 14.03.2014, S. 1624 (Hervorhebung UvK).

[8] BT PlPr 18/21 vom 14.03.2014, S. 1633 (Hervorhebung UvK).

[9] BT PlPr 18/21 vom 14.03.2014, S. 1636.

siv die Notwendigkeit einer Diskussion um die Fortentwicklung des ParlBG. Er arbeitete sowohl die funktionalen als auch die psychologischen Aspekte heraus, die sich aus der Perzeption bei Bündnispartnern ergeben haben. Sein übergreifender Gedanke lautete: „(Die) Arbeits- und Aufgabenteilung im Bündnis muss auch zukünftig nicht nur mit dem Parlamentsvorbehalt **vereinbar** sein, sondern sie muss **auch funktionieren.**"

Als zentralen Aspekt betonte Annen dann, dass die Aufgabe von Souveränitätsrechten der einzelnen Staaten gegenseitiges Vertrauen voraussetze. „Wir wissen doch, dass es auch Interpretationen unserer Parlamentsbeteiligung bei europäischen Nachbarn gibt, die dazu führen, dass Misstrauen herrscht und dass sich Verbündete fragen: Wenn wir gemeinsame Fähigkeiten schaffen und damit Souveränitätsrechte abgeben, können wir uns am Ende eigentlich darauf verlassen, dass Deutschland, der Deutsche Bundestag und die deutsche Regierung, dann die entsprechenden Fähigkeiten zur Verfügung stellt, wenn es nötig ist?" Allerdings wies er darauf hin, dass es vorrangig „unterschiedliche Bundesregierungen" gewesen seien, die sich „hinter dem Parlamentsvorbehalt versteckt" hätten. Insgesamt vermied Niels Annen es, in seiner Rede Lösungsmöglichkeiten oder auch Restriktionen für Lösungsmöglichkeiten anzudiskutieren. Vielmehr formulierte er: „Eine Vorfestlegung vonseiten meiner Fraktion auf mögliche Ergebnisse gibt es nicht".[10]

Die deutlich andere Perspektive, nämlich die im Kommissionsmandat erkennbare defensive Zielsetzung, unterstrich der Obmann der SPD-Fraktion im Verteidigungsausschuss, Rainer Arnold. Er stellte an den Anfang seines Debattenbeitrags das Statement: „Mit der Einsetzung der Kommission verfolgen wir das Ziel – das haben wir in unserem Antrag auch so formuliert –, auch bei einer vertieften europäischen Integration **den deutschen parlamentarischen Vorbehalt** zu **sichern**. Das ist das eigentliche Ziel." Konsequenterweise erteilte er Überlegungen zu Vorratsbeschlüssen eine deutliche Absage. Dieses sei „mit unserer Verfassung nicht vereinbar und mit uns als Sozialdemokraten nicht machbar … Die grundgesetzlichen Rechte sind viel höher zu bewerten als irgendwelche Gedanken über Effektivität und Einsatzfähigkeit der Streitkräfte. Die Verfassung wiegt schwerer. Deshalb sind **Vorratsbeschlüsse nicht zulässig**".

Den Aspekt des Vertrauensverlustes durch eine andere Wahrnehmung bei den Partnern wies Arnold mit dem Hinweis darauf zurück, dass nicht das ParlBG für die Zweifel an der Verlässlichkeit Deutschlands verantwortlich sei, „sondern die mangelnde Bereitschaft, manchmal auch der mangelnde Mut von Bundesregierungen, notwendige Einsatzentscheidungen dem Deutschen Bundestag vorzulegen".

---

[10] BT PlPr 18/21 vom 14.03.2014, S. 1620 f. (Hervorhebungen UvK).

Er räumte dann ein, dass es ggf. Klarstellungsbedarf im ParlBG gäbe, z. B. hinsichtlich der Unschärfe, was die Zugehörigkeit zu integrierten Stäben betrifft, aber auch, was ein bewaffneter Einsatz ist. Aber sein Resümee war – im Gegensatz zu dem Offenhalten der Kommissionsergebnisse bei Niels Annen – eindeutig: „Ich sage Ihnen für die Sozialdemokraten und, wie ich denke, auch für die Union: Es geht nicht um die Einschränkung des parlamentarischen Vorbehalts. Es geht allenfalls um Präzisierungen".[11]

Auf der gleichen Linie lagen die Ausführungen des Vorsitzenden des Verteidigungsausschusses Hans Peter Bartels. Dieser bestritt vehement, dass der Parlamentsvorbehalt überhaupt ein Problem für die Einsatzfähigkeit Deutschlands in den Bündnissen darstelle („Es gibt kein Verhinderungsproblem … Die Hindernistheorie ist ein Popanz") und postulierte „Vertiefte europäische Integration und Parlamentsvorbehalt gehen zusammen". Wie schon Rainer Arnold plädierte er allenfalls für eine eventuelle Präzisierung des ParlBG und regte mit der Frage „Müssen ein Einsatz in Afghanistan mit 5 000 Soldaten in der Spitze und eine Beobachtermission mit einer Handvoll an Soldaten in gleicher Weise im Plenum behandelt werden, oder gibt es da unterschiedliche Behandlungsmöglichkeiten?" eine abgestufte Intensität der Beratung im Parlament an.[12]

Diese beispielhaft ausgewählten Positionen zeigen auch in der SPD-Fraktion eine breite Meinungsvielfalt, wobei die defensive Grundhaltung zu überwiegen scheint. Insofern beschrieb der letzte Redner der zweiten Debatte, das Mitglied im Verteidigungsausschuss Reinhard Brandl (CDU/CSU), die Situation wohl zutreffend: „Ich sage Ihnen, wie es ist. Es gibt auch bei uns in der Fraktion unterschiedliche Meinungen dazu; es gibt in der SPD unterschiedliche Meinungen dazu."[13]

6.2.3   Die Linke

Die Fraktion der Linken hat bisher alle Anträge der Bundesregierung zu Auslandseinsätzen der Bundeswehr abgelehnt, ohne allerdings damit erfolgreich zu sein. Als erster Redner der Opposition in der ersten Debatte merkte das Mitglied im Auswärtigen Ausschuss Wolfgang Gehrcke an: „Ich hätte keinen Anlass, das Gesetz über den Parlamentsvorbehalt zu verteidigen. Es hat bei keiner Abstimmung geholfen, einen Einsatz der Bundeswehr zu verhindern, wie ich es gerne gehabt hätte". Aber – so fuhr er fort – das ParlBG biete drei Vorteile: Parlamentsrechte sei-

---

[11] BT PlPr 18/21 vom 14.03.2014, S. 1627 ff.

[12] BT PlPr 18/21 vom 14.03.2014, S. 1636 ff.

[13] BT PlPr 18/23 vom 20.03.2014, S. 1863.

en erstens besser als Regierungsrechte, daher müsse man sie verteidigen, es sorge zweitens für Transparenz und es nehme drittens jeden Abgeordneten in die Pflicht.

Dann kritisierte er den Antrag der Regierungsfraktionen auf Einsetzung der Kommission mit dem Vorwurf, die Einsetzung der Kommission sei nicht mit einem Auftrag gekoppelt, die Parlamentsrechte zu stärken, sondern dieser ziele darauf, Parlamentsrechte zurückzunehmen. „Was hier vorliegt, bedeutet nichts anderes als eine Aufweichung der Parlamentsrechte". Denn der Auftrag solle eine Untersuchung von Möglichkeiten der Abstufung der Intensität parlamentarischer Beteiligung nach der Art des Einsatzes beinhalten. Er aber frage: „Warum taucht nicht die Formulierung ‚Stärkung der Parlamentsrechte' auf? Diesen Begriff vermeiden Sie in Ihrem Antrag wie der Teufel das Weihwasser. Sie wollen die Parlamentsrechte eben nicht stärken."

Für seine Fraktion resümierte Gehrcke dann: „Ich sage für uns: Wenn der Auftrag der Kommission so bleibt, wie er laut dem Antrag ausgestaltet werden soll, dann werden wir uns an dieser Kommission nicht beteiligen, sondern wir werden alternativ arbeiten. Wir werden nicht der Diskussion ausweichen, aber ich möchte nicht den Namen der Linken unter die Arbeit einer Kommission setzen, die letzten Endes empfiehlt, die Parlamentsrechte aufzuweichen. Das machen wir nicht mit. Deshalb werden wir in dieser Kommission nicht arbeiten".[14]

Die Ablehnung bekräftigte der Obmann der Fraktion im Verteidigungsausschuss Alexander S. Neu. Er verwies auf die Grundstimmung in der Gesellschaft – nach einer Infratest dimap Umfrage vom 06.02.2014 seien 75 % der Befragten gegen Auslandseinsätze gewesen – und warf den Regierungsfraktionen vor: „Die Bundesregierung soll wohl die Entscheidungshoheit über Auslandseinsätze komplett zurückgewinnen und diese gegebenenfalls an EU- und NATO-Technokraten delegieren, ganz nach dem Motto: Wenn die Gesellschaft zu friedlich ist und nicht kapieren will, wie wichtig eine militärisch abgesicherte Interessenpolitik ist, dann werden wir das Recht der parlamentarischen Beteiligung einschränken".

Die Fraktion unterstrich ihre Position durch einen unmittelbar vor der zweiten Debatte eingebrachten eigenen Antrag zur Einsetzung der Kommission. Dieser schlug als Auftrag die „Überprüfung, Sicherung und **Stärkung der Parlamentsrechte** bei der Mandatierung von Auslandseinsätzen der Bundeswehr" vor. Der Vorschlag ging in keiner Weise auf die potentiellen Probleme einer verstärkten europäischen Kooperation ein. Vielmehr zielte er nur noch auf das „ungeschmälerte Entscheidungsmonopol und Kontrollrecht" des Deutschen Bundestages, auf eine verbesserte Unterrichtung des Parlaments, insbesondere bei Einsätzen von Spezialkräften, eine Einbeziehung der „Drohnen-Problematik" in das Gesetz sowie eine

---

[14] PlPr 18/21 vom 14.03.2014, S. 1622 f.

Erhöhung des Quorums bei Entscheidungen über Anträge der Bundesregierung auf Zustimmung zu Auslandseinsätzen.[15] Bei den Mehrheitsverhältnissen im 18. Deutschen Bundestag lag es auf der Hand, dass der Antrag – ohne Ausschussberatungen, da zu spät eingebracht – abgelehnt wurde, obwohl er Elemente beinhaltete, die es Wert gewesen wären, in die Diskussion aufgenommen zu werden. So wurde schon häufig eine Verbesserung der Unterrichtung des Parlaments über Einsätze der Spezialkräfte gefordert (s. Kap. 4.3). Und auch der Vorschlag eines höheren Quorums bei Erst- und Eskalationsentscheidungen zu Einsätzen, um eine stärkere Einbindung auch der Opposition in die informelle Vorabstimmung von Mandaten zu erreichen, findet sich in der Literatur (von Krause 2011, S. 314 f.). Er ist dort allerdings verknüpft mit der Forderung nach Vorabermächtigungen für bestimmte Einsatzoptionen von NRF und EU BG – ein Junktim, das der Position Der Linken diametral entgegensteht.

6.2.4   Bündnis 90/Die Grünen

Auch die Fraktion Bündnis 90/Die Grünen ging mit einem eigenen Antrag in die Debatte, den sie – anders als Die Linke – frühzeitig eingebracht hatte. Dieser lehnte sich in weiten Passagen an die Formulierungen im Koalitionsantrag an, beinhaltete aber auch einige signifikante Unterschiede.[16]

Als erster Redner der Fraktion erläuterte das Mitglied im Auswärtigen Ausschuss Frithjof Schmidt das Kernanliegen des Antrags und die wesentlichen Unterschiede. So wie auch Die Linke drängten Bündnis 90/Die Grünen darauf, dass der Auftrag der Kommission nicht nur die Überprüfung und Sicherung zum Ziel haben dürfe. Es müsse vielmehr deutlich werden, dass der Auftrag auch eine Prüfung beinhalte, „ob es überhaupt Handlungsbedarf gibt, und, wenn ja, welchen. Vielleicht ist ja auch eine Stärkung der Parlamentsrechte notwendig". Schmidt unterstellte den Regierungsfraktionen, ihre politische Absicht sei es, „den Parlamentsvorbehalt zu relativieren", was einer „Schwächung der Demokratie" gleichkomme.

Er erläuterte dann fünf für seine Fraktion zentrale Punkte: erstens die klare Festlegung, dass die Kommission ergebnisoffen arbeite, zweitens die Gleichgewichtigkeit von Überprüfung und Stärkung der Parlamentsrechte, drittens die Streichung der Vorfestlegung auf eine abgestufte Intensität der Parlamentsbeteiligung, viertens die Prüfung der Möglichkeit integrierter Mandate, also die Zusammenführung

---

[15] BT Drs 18/839 vom 20.03.2014, S. 2 (Hervorhebung UvK).

[16] BT Drs 18/775 vom 12.03.2014.

verschiedener Politikfelder in einem Mandat,[17] und schließlich fünftens die Zusammensetzung der Kommission ausschließlich aus Abgeordneten, also ohne externe Experten, die nach den Vorstellungen der Regierungsfraktionen in der Kommission mitarbeiten sollten.[18]

Die nächste Rednerin der Fraktion Katja Keul, stv. Mitglied des Verteidigungsausschusses, betonte, dass der Parlamentsvorbehalt Teil der Gewaltenteilung und nicht deren Durchbrechung sei. Sie erinnerte an den Grundsatz des BVerfG, der Parlamentsvorbehalt sei nicht restriktiv sondern im Zweifel parlamentsfreundlich auszulegen,[19] und folgerte daraus: „Ich sage Ihnen ganz klar: Eine ‚Abstufung der Intensität parlamentarischer Beteiligung nach der Art des Einsatzes‘, wie Sie es anstreben, ist damit nicht vereinbar". Es gebe – so ihre These – auch keine „Bagatellfälle" bei einem bewaffneten Einsatz. „Denn der Einsatz von Waffengewalt ist nie Bagatelle".

Schließlich setzte sie sich mit dem „suggerierten Spannungsverhältnis" zwischen fortschreitender Bündnisintegration und Parlamentsvorbehalt auseinander, das sie schlichtweg bestritt. Sie sah hier vielmehr ein Versäumnis der Bundesregierung, der sie vorwarf: „Statt unnötige Kommissionen ins Leben zu rufen, wäre es Ihre Aufgabe gewesen, gegenüber den Bündnispartnern für die Vorteile einer Parlamentsarmee wie der Bundeswehr zu werben und die bestehenden Missverständnisse auszuräumen. In dieser Hinsicht haben Sie völlig versagt." Ihr Fazit lautete daher: „Wenn Sie unsere Parlamentsrechte beschneiden wollen, müssen Sie das ohne uns tun. Wir machen da nicht mit."[20]

Als nach den Ausschussberatungen die Beschlussempfehlung vorlag, den Vorschlag der Fraktion Bündnis 90/Die Grünen abzulehnen, begründete in der Schlussdebatte die Obfrau im Verteidigungsausschuss Agnieszka Brugger noch einmal, dass die Fraktion sich an der Kommissionsarbeit nicht beteiligen werde. Bündnis 90/Die Grünen seien nicht prinzipiell gegen eine solche Kommission. Aber die Regierungsfraktionen hätten schon ganz früh klargemacht, dass sie nicht bereit gewesen wären, ihren Antrag „auch nur einen Millimeter zu ändern". Sie hob dabei vor allem auf die Weigerung der Koalitionsfraktionen ab, den Begriff „Stärkung des Parlamentsvorbehalts" in den Auftrag aufzunehmen und stellte die Frage: „Ich würde jetzt wirklich gerne ganz konkret von Ihnen hören, warum Sie auch diesen Vorschlag so kategorisch abgelehnt haben, wenn es Ihnen angeblich nicht um die

---

[17] Diesen Vorschlag, der sich aus dem Konzept der „Vernetzten Sicherheit" ergibt, findet man in Wissenschaft und Politik bereits früher (Überblick bei von Krause 2011, S. 194 ff.

[18] BT PlPr 18/21 vom 14.03.2014, S. 1626.

[19] So in seiner AWACS-Türkei-Entscheidung (BVerfG 2 BvE 1/03 vom 12.02.2008).

[20] BT PlPr 18/21 vom 14.03.2014, S. 1634 f.

Aufweichung des Parlamentsvorbehaltes geht". Als Fazit stellte sie fest: „Wir bedauern es sehr …dass Sie, um Ihre fragwürdigen politischen Ziele zu verfolgen, die Stärkung der Parlamentsbeteiligung ausschließen wollen. …Deshalb können und wollen wir uns aus guten Gründen nicht an dieser Kommission beteiligen."[21]

---

[21] BT PlPr 18/23 vom 20.03.2014, S. 1860 f.

Die Darstellung der rechtlichen, politischen und militärischen Aspekte des Verhältnisses des Deutschen Bundestages zu „seiner" Bundeswehr hat gezeigt, dass es sich um ein komplexes Beziehungsgeflecht handelt. Zwischen verfassungsrechtlichen, innen- und bündnispolitischen, militärstrategischen und ökonomischen Vorstellungen bestehen eine Reihe von Zielkonflikten, die nicht einfach auflösbar sind. Die (Über-)betonung der einen oder anderen Kategorie würde zu einer Beeinträchtigung der jeweils anderen führen.

Die zum Teil vertretene Position, die derzeitigen Regelungen des ParlBG seien aus verfassungsrechtlichen Gründen unantastbar und „irgendwelche Gedanken über Effektivität und Einsatzfähigkeit der Streitkräfte" spielten keine Rolle, könnte die Bündnisfähigkeit Deutschlands in Frage stellen. Sie würde auch die Vorgaben des BVerfG verletzen, dass die Wehr- und Bündnisfähigkeit der Bundesrepublik Deutschland nicht beeinträchtigt werden darf. Ein nicht zu unterschätzender Aspekt in diesem Zusammenhang ist die Frage des gegenseitigen Vertrauens von Bündnispartnern, die ihre Ressourcen in zunehmend integrierte Streitkräftestrukturen einbringen sollen. Diese psychologischen Aspekte sind rechtlich schwierig zu fassen und werden daher aus der juristischen Perspektive häufig negiert. Der stellvertretenden Vorsitzende der Kommission Auslandseinsätze, der ehemalige Parlamentarische Staatssekretär im Verteidigungsministerium Walter Kolbow, brachte dieses auf die Formel: „Es geht darum, für die Verbündeten Verlässlichkeit herzustellen".[1]

Die gegenteilige Position, dass die Rechtslage aufgrund bündnispolitischer und/oder militärischer Notwendigkeiten anzupassen sei, geht ebenfalls in die Irre. Denn

---

[1] Zit. nach „Unter Vorbehalt". In: Süddeutsche Zeitung vom 29.07.2014, S. 5.

© Springer Fachmedien Wiesbaden 2015

37

U. von Krause, *Das Parlament und die Bundeswehr*, essentials,
DOI 10.1007/978-3-658-07112-7_7

die Rechte des Parlaments zur Mitwirkung an Einsatzentscheidungen sind nach der Rechtsprechung des BVerfG unabdingbar. Es gilt daher auszuloten, welche Lösungsmöglichkeiten als Kompromiss zwischen den verschiedenen Zielkategorien identifiziert und ggf. realisiert werden könnten. Es handelt sich damit um einen Optimierungsprozess der parlamentarischen Kontrolle zur Aufrechterhaltung der Handlungsfähigkeit der deutschen Sicherheitspolitik.

Damit steht die deutsche Politik vor einer großen Herausforderung. Positiv erscheint die Initiative von CDU, CSU und SPD, mit dem Koalitionsvertrag einen Impuls zur parlamentarischen Behandlung der Problematik gegeben zu haben, nachdem die Thematik rund ein Jahrzehnt lang nur in der in Deutschland traditionell unterentwickelten Strategic Community diskutiert worden war. Allerdings liegen die Vorstellung der politischen Parteien zu Lösungen (noch) offensichtlich weit auseinander, was man an der Kompromissformulierung im Koalitionsvertrag und im Auftrag für die Kommission ablesen kann.

Die Meinungsvielfalt, die in den Debatten um die Einsetzung der Kommission zu Tage trat, unterstreicht die Problemkomplexität; denn es wurden unterschiedliche Positionen sowohl zwischen den Fraktionen des Bundestages als auch innerhalb dieser sichtbar. Tendenziell scheint die CDU/CSU-Fraktion mehr zu einer Lösung bereit zu sein, die – unter der Überschrift „abgestufte Intensität der Parlamentsbeteiligung" – eine Flexibilisierung der Entscheidungsmechanismen nach dem ParlBG bringt. Die SPD-Fraktion scheint mehr einer defensiven Position zuzuneigen, die keine Änderung an den derzeitig normierten Verfahren und insbesondere keine Form von Vorabermächtigungen akzeptiert, sondern höchstens marginale Klarstellungen. Und die Oppositionsparteien wollen lediglich Veränderungen, die die Parlamentsrechte noch stärker als heute ausgestalten. Für eine breit akzeptierte Lösung ist es sicher auch nicht hilfreich, dass die Oppositionsfraktionen die Mitarbeit in der Kommission abgelehnt haben. Es ist zu hoffen, dass die mangelnde Kompromissbereitschaft der Fraktionen, die bei der Mandatsformulierung zu beobachten war, in einem eventuellen Gesetzgebungsverfahren nach Ende der Kommissionsarbeit überwunden werden kann. Denn es erscheint vor dem Hintergrund der ausgeprägten gesellschaftlichen Skepsis gegen Militäreinsätze problematisch, das ParlBG ohne breiten politischen Konsens zu verändern – wobei „breit" nicht nur rein numerisch bedeutet, sondern auch die Einbeziehung der derzeitig minorisierten Opposition.

In den Debatten wurden am Rande einige interessante Vorschläge aus den wissenschaftlichen Diskussionen des letzten Jahrzehnts angesprochen, die nicht explizit in den Auftrag der Kommission eingeflossen sind. Dazu gehören eine institutionalisierte strategische Debatte in Parlament und Gesellschaft, ein integriertes Mandat oder die Verbesserung der Informationen des Deutschen Bundestages bei Einsätzen von Spezialkräften. Es bleibt zu hoffen, dass diese Aspekte trotzdem in den Kommissionsberatungen Berücksichtigung finden werden.

Vor dem Hintergrund der erheblichen Auffassungsunterschiede in und zwischen den Fraktionen sowie dem suboptimalen Entstehungsgang der Kommission sind Zweifel angebracht, ob der eingeschlagene Weg zu einem erfolgreichen Ergebnis führen wird, erfolgreich in allen fünf Dimensionen der Problematik:

- dass das Ergebnis einer verfassungsrechtlichen Überprüfung durch das BVerfG Stand hält,
- dass es in einer Gesellschaft mit dezidierten Vorbehalten gegen Einsätze der Bundeswehr innenpolitische Akzeptanz findet,
- dass es das Misstrauen bei Deutschlands Bündnispartnern abbaut,
- dass sich die Entscheidungsverfahren auch bei fortschreitender europäischer Kooperation und Integration als praxistauglich erweisen und
- dass es eine ökonomische Aufgaben- und Arbeitsteilung in Europa nicht verhindert.

Es besteht die Gefahr, dass nur eine Einigung auf dem kleinsten gemeinsamen Nenner erreicht wird, also auf einen Formelkompromiss, der diese ausgewogene Zielerreichung nicht möglich macht.

Einen möglichen Kompromiss deutete der Kommissionsvorsitzende Volker Rühe in einem Interview mit der „ZEIT" an. Er formulierte: „Die Integration der europäischen Streitkräfte und ihre gesicherte Verfügbarkeit gehören unauflöslich zusammen *(ZEIT: Wie wollen Sie das garantieren?)* Meine Meinung dazu ist folgende: Die arbeitsteilige militärische Integration in Europa braucht einen besonderen Vertrauensstatus. Um den herzustellen, könnte die Bundesregierung einmal im Jahr ins Parlament gehen und diese transnationalen Fähigkeiten der Bundeswehr benennen. Der Bundestag nimmt dann zustimmend zur Kenntnis, dass sich andere Länder in Abhängigkeit von Deutschland begeben haben. Natürlich müsste das Parlament trotzdem noch den Beschluss über einen konkreten Einsatz treffen. *(ZEIT: Sie wollen also die politische Schwelle höherlegen, im Ernstfall Nein zu sagen?)* Völlig richtig. Es geht um Zuverlässigkeit. Wenn der Bundestag dann Nein sagen würde, wäre das ein sehr schwerwiegender Schritt in Richtung einer unbezahlbaren Renationalisierung der Streitkräfte".[2]

Ob ein solcher Ansatz als pragmatischer und notwendiger erster Schritt gesehen wird und bereits zu mehr Vertrauen bei den Bündnispartnern führt, weil er inhaltlich überzeugt, und nicht nur als Formelkompromiss gesehen wird, bleibt allerdings abzuwarten. Vielmehr besteht die Gefahr, dass die Kommission mit einer solchen Kompromisslinie zu kurz greift, weil die Mehrdimensionalität des Zielkonflikts vernachlässigt wird.

---

[2] „Der Bundestag und der Krieg". In: Zeit-Online Nr. 28 vom 03.07.2014 (Zugriff: 25.07.2014).

Was Sie aus diesem Essential mitnehmen können

- Der Deutsche Bundestag hat beim Einsatz der Bundeswehr vergleichsweise sehr starke Mitentscheidungsrechte, die Verfassungsrang haben; allerdings hat der Gesetzgeber Spielraum bei der konkreten Ausgestaltung, die auch Abstufungen zulässt
- Die Partner in NATO und EU haben vielfältige Formen der Kooperation und Integration ihrer militärischen Strukturen entwickelt, z. B. integrierte Stäbe und Verbände, schnell einsatzbereite ad hoc-Strukturen, Zusammenfassung („Pooling") und gemeinsame Nutzung („Sharing") von Fähigkeiten
- Knappe Ressourcen verlangen nach einer Vertiefung der Kooperation und Integration. Die deutsche Außenpolitik genießt jedoch – u. a. wegen des Parlamentsvorbehalts beim Einsatz der Bundewehr – in der Wahrnehmung der Partner nicht hinreichendes Vertrauen
- Aus Politik und Wissenschaft gibt es viele Vorschläge zur Optimierung der deutschen Entscheidungsprozesse, wobei zwischen rechtlichen, innen- und bündnispolitischen, pragmatischen und ökonomischen Argumenten abgewogen werden muss
- Der Bundestag hat eine „Kommission Auslandseinsätze" zur Untersuchung dieses Problemkomplexes berufen. Bei deren Einsetzung wurden erhebliche Auffassungsunterschiede – sowohl innerhalb der Fraktionen als auch zwischen diesen – erkennbar, was eine Lösung erschwert

© Springer Fachmedien Wiesbaden 2015
U. von Krause, *Das Parlament und die Bundeswehr,* essentials,
DOI 10.1007/978-3-658-07112-7

Literatur

Bald, Detlef, et al. 2013. Für eine Stärkung des Parlamentsbeteiligungsgesetzes. Kommission „Europäische Sicherheit und Zukunft der Bundeswehr" am IFSH. Hamburg. http://ifsh.de/file-IFSH/IFSH/pdf/stellungnahmen/BW-Kommission_ParlBG.pdf. Zugegriffen: 17. Juli 2014.

Brissa, Enrico. 2012. Bundeswehr und Bundestag. Zur Bündniskonformität des wehrverfassungsrechtlichen Parlamentsvorbehalts. *Die Öffentliche Verwaltung* 65 (4): 137–145.

Brose, Ekkehard. 2013. Parlamentsarmee und Bündnisfähigkeit. Ein Plädoyer für eine begrenzte Reform des Parlamentsbeteiligungsgesetzes. Berlin (SPW-Studie S18).

BMVg. 2003. Verteidigungspolitische Richtlinien für den Geschäftsbereich des Bundesministers der Verteidigung.

BMVg. 2006. Weißbuch 2006. Zur Sicherheitspolitik Deutschlands und zur Zukunft der Bundeswehr.

BMVg. 2011. Verteidigungspolitische Richtlinien für den Geschäftsbereich des Bundesministers der Verteidigung. Nationale Interessen wahren – Internationale Verantwortung übernehmen – Sicherheit gemeinsam gestalten.

CDU/CSU. Mai. 2008. Eine Sicherheitsstrategie für Deutschland. Beschluss der CDU/CSU-Bundestagsfraktion vom 6. Mai 2008. https://www.cducsu.de/sites/default/files/Sicherheitsstrategie_Bechluss_080506_1.pdf. Zugegriffen: 20. Juli 2014.

CDU/CSU/SPD. Deutschlands Zukunft gestalten. Koalitionsvertrag zwischen CDU, CSU und SPD. https://www.cducsu.de/sites/default/files/Sicherheitsstrategie_Bechluss_080506_1.pdf. Zugegriffen: 20. Juli 2014.

Cragg, Anthony. 1996. The combined joint task force concept: A key component of the Alliance's adaption. *NATO Review* 44 (5): 7–10.

Deisenroth, Dieter. 2012. Zuviel parlamentarische Kontrolle? Weniger schadet der Demokratie! (Parlamentsbeteiligung unter Druck. Forum). *Sicherheit und Frieden* 30 (4): 232–234.

Dietrich, Sandra, Hartwig Hummel, und Stefan Marschall. 2007. Von der exekutiven Prärogative zum parlamentarischen Frieden? Funktionslogik und Funktionsprobleme der parlamentarischen Kontrolle militärischer Sicherheitspolitik. http://paks.uni-duesseldorf.de/Dokumente/paks_working_paper_6.pdf. Zugegriffen: 10. März 2010. Düsseldorf.

Felberbauer, Ernst M., und Dietmar Pfarr. 2013. Einleitung. In *Pooling & Sharing und Smart Defense. Herausforderungen für Streitkräfte im 21. Jahrhundert*, Hrsg. Ernst M. Felberbauer und Dietmar Pfarr, 9–12. Wien: Landesverteidigungsakademie (Schriftenreihe der Landesverteidigungsakademie).

© Springer Fachmedien Wiesbaden 2015
U. von Krause, *Das Parlament und die Bundeswehr,* essentials,
DOI 10.1007/978-3-658-07112-7

Hartley, Keith. 2001. *The economics of defence policy. A new perspective*. Abingdon: Routledge (Routledge Studies in Defence and Peace Economics).

Hoffmann, Hubertus, et al. 2013. NATO 3.0. Fresh proposals by the World Security Network Foundation. https://dl.dropboxusercontent.com/u/29005366/NATO%203.0%20Fresh%20 Proposals%20by%20the%20World%20Security%20Network%20Foundation.pdf. Zugegriffen: 20. Juli 2014.

Klose, Hans-Ulrich. 2007. Geteilte Verantwortung. *Internationale Politik* 5:22–27.

Krause, Ulf von. 2011. *Die Afghanistaneinsätze der Bundeswehr. Politischer Entscheidungsprozess mit Eskalationsdynamik*. Wiesbaden: VS Verlag für Sozialwissenschaften.

Krause, Ulf von. 2013. *Die Bundeswehr als Instrument deutscher Außenpolitik*. Wiesbaden: VS Verlag für Sozialwissenschaften.

Krause, Ulf von. 2014. Parlamentarische Befugnisse („War Powers") im Spiegel der Theorie des „Demokratischen Friedens". Eine vergleichende Betrachtung Deutschlands, Großbritanniens, der USA und Frankreichs. *Politische Bildung* 47 (1): 74–92.

Mair, Stefan, Hrsg. 2007. *Auslandseinsätze der Bundeswehr. Leitfragen, Entscheidungsspielräume und Lehren*. Berlin: Stiftung Wissenschaft und Politik (SPW-Studie S27).

Major, Claudia und Christian Mölling. 2012. *EU-Battlegroups. Bilanz und Optionen zur Weiterentwicklung europäischer Krisenreaktionskräfte*. Berlin: Stiftung Wissenschaft und Politik (SWP-Studie S22).

Mc Donald, Simon, Philippe Leymarie, Marek Prawda, und Peter Flory. 2011. Was für eine Truppe? Vier Bündnispartner zur strategischen Ausrichtung Deutschlands. *Internationale Politik* 6:38–47.

Mölling, Christian. 2011. *Europa ohne Verteidigung. Die Staaten Europas müssen das Wechselverhältnis zwischen politischer Souveränität, militärischer Effektivität und ökonomischer Effizienz neu bewerten*. Berlin: Stiftung Wissenschaft und Politik (SWP Aktuell Nr. 56).

Mölling, Christian. 2012. *Pooling und Sharing in EU und NATO. Europas Verteidigung braucht politisches Engagement, keine technokratischen Lösungen*. Berlin: Stiftung Wissenschaft und Politik (SWP Aktuell Nr. 25).

Mutz, Reinhard. 2012. Gefahr im Verzug. Das Parlamentsrecht über die Bundeswehr muss verschärft werden. (Parlamentsbeteiligung unter Druck. Forum). *Sicherheit und Frieden* 30 (4): 234–235.

Naumann, Klaus. 2008. *Einsatz ohne Ziel? Die Politikbedürftigkeit des Militärischen*. Hamburg: Hamburger Edition HIS Verlagsges. mbH.

Naumann, Klaus. 2012. Fehlender Mut. Die Verantwortung liegt bei der Regierung. (Parlamentsbeteiligung unter Druck. Forum). *Sicherheit und Frieden* 30 (4): 231–232.

Noetzel, Timo, und Benjamin Schreer. 2007. *Parlamentsvorbehalt auf dem Prüfstand. Anpassung der Kontrollstrukturen erforderlich*. Berlin: Stiftung Wissenschaft und Politik (SWP-Aktuell Nr. 10).

Noetzel, Timo, und Benjamin Schreer. 2007. Vernetzte Kontrolle: Zur Zukunft des Parlamentsvorbehalts. In *Auslandseinsätze der Bundeswehr: Leitfragen, Entscheidungsspielräume und Lehren*, Hrsg. Stefan Mair, S. 35–42. Berlin: Stiftung Wissenschaft und Politik.

Schockenhoff, Andreas, und Roderich Kiesewetter. 2012. Europas sicherheitspolitische Handlungsfähigkeit stärken: Es ist höchste Zeit. http://www.kas.de/upload/ dokumente/2012/10/121024_Europa.pdf. Zugegriffen: 15. Juli 2014.

Sohm, Stefan. 2008. Im Zweifel parlamentsfreundlich. Urteilsanmerkungen zu 2 BvE 1/03 vom 8. Mai 2008. *Neue Zeitschrift für Wehrrecht* 6:235–243.

Varwick, Johannes. 2011. Unzuverlässiger Bündnispartner. Ist Deutschland außenpolitisch isoliert? Internationale Politik. https://zeitschrift-ip.dgap.org/de/aussenpolitiknet/themen/unzuverl%C3%A4ssiger-b%C3%BCndnispartner. Zugegriffen: 06. Juli 2014.

Varwick, Johannes. 2012a. Zu hohe Hürden. Sicherheitspolitische Handlungsfähigkeit verlangt teilweise Souveränitätsverzicht. (Parlamentsbeteilig unter Druck. Forum). *Sicherheit und Frieden* 30 (4): 230–231.

Varwick, Johannes. 2012b. Europa braucht eine eigene Armee. *Neue Zürcher Zeitung*, 27. Nov., 21.

Wiefelspütz, Dieter. 2005. *Das Parlamentsheer. Der Einsatz bewaffneter deutscher Streitkräfte im Ausland, der konstitutive Parlamentsvorbehalt und das Parlamentsbeteiligungsgesetz*. Berlin: BWV Berliner Wissenschafts-Verlag.

Wiefelspütz, Dieter. 2008. Auslandseinsätze deutscher Streitkräfte und der Bundestag: Ist eine Reform geboten? *Zeitschrift für Parlamentsfragen* 39 (2): 203–219.

Wiefelspütz, Dieter. 2012. Hände weg vom Parlamentsheer! *Die Friedens-Warte* 87 (2–3): 16–21.